福建省国民经济和社会发展第十四个五年规划和二〇三五年远景目标纲要

海峡出版发行集团 | 福建人民出版社
THE STRAITS PUBLISHING & DISTRIBUTING GROUP | FUJIAN PEOPLE'S PUBLISHING HOUSE

目　　录

福建省第十三届人民代表大会第五次会议关于福建省国民经济和社会发展第十四个五年规划和二〇三五年远景目标纲要的决议

（2021年1月27日福建省第十三届人民代表大会第五次会议通过）

福建省第十三届人民代表大会第五次会议审查了省人民政府提出的《福建省国民经济和社会发展第十四个五年规划和二〇三五年远景目标纲要（草案）》。会议同意财政经济委员会的审查结果报告，决定批准《福建省国民经济和社会发展第十四个五年规划和二〇三五年远景目标纲要》。

会议认为，“十四五”规划和二〇三五年远景目标纲要以习近平新时代中国特色社会主义思想为指导，全面贯彻党的十九大和十九届二中、三中、四中、五中全会精神，贯彻落实《中共福建省委关于制定福建省国民经济和社会发展第十四个五年规划和二〇三五年远景目标的建议》，以全方位推动高质量发展超越为主题，明确经济社会发展指导方针、主要目标、重点任务和重大举措，符合我省实际，体现全省人民的共同意愿，是今后五年乃至更长一段时期我省经济和社会发展的重要遵循。

会议要求，要认真实施“十四五”规划和二〇三五年远景目标纲要，立足新发展阶段，贯彻新发展理念，积极服务并深度融入新发展格局，强化发展规划统领作用，做细做实各专项规划，完善规划实施机制，确保规划各项目标任务全面完成，全方位推动高质量发展超越，奋力谱写全面建设社会主义现代化国家的福建篇章。

福建省国民经济和社会发展第十四个五年规划和二〇三五年远景目标纲要

福建省国民经济和社会发展第十四个五年（2021—2025年）规划和二〇三五年远景目标纲要，根据《中共福建省委关于制定福建省国民经济和社会发展第十四个五年规划和二〇三五年远景目标的建议》编制，全面贯彻党中央战略部署，落实福建省委工作要求，明确今后一个时期工作重点，引导市场主体行为，是全省今后五年乃至更长一段时期经济社会发展的重要遵循。

第一篇
开启全面建设社会主义现代化新征程

“十四五”时期是福建全方位推动高质量发展超越重大战略机遇期，要立足新发展阶段，贯彻新发展理念，积极服务并深度融入新发展格局，加快建设现代化经济体系，推动经济社会发展再上新台阶。

第一章　发展环境

我省“十三五”规划主要目标全面完成，全面建成小康社会胜利在望，为“十四五”发展奠定了坚实基础。经济实力跃上新台阶，全省地区生产总值接连跃上 3 万亿元、4 万亿元台阶，2020 年达 4.39 万亿元。经济结构持续优化，主导产业做大做强，产值超百亿工业企业达 47 家，千亿产业集群数量实现翻番。创新驱动发展战略深入实施，福厦泉国家自主创新示范区和国家创新型省份获批建设，战略性新兴产业增加值超 6000 亿元，数字经济增加值占地区生产总值的比重达 45%左右，文化产业成为国民经济支柱性产业。十大乡村特色产业全产业链总产值突破 2 万亿元。服务业增加值比重达 47.5%，文化旅游深度融合，新业态新模式成为经济发展新亮点。高质量全面打赢脱贫攻坚战，实现现行扶贫标准下农村建档立卡贫困人口全部脱贫、2201 个贫困村全部退出、23 个省级扶贫开发工作重点县全部摘帽。生态文明先导效应显现，国家生态文明试验区建设扎实推进，森林覆盖率保持全国第一，主要河流达到或好于Ⅲ类水体比例 97.9%，九市一区空气质量优良天数比例 98.8%，$PM_{2.5}$浓度下降至 20 微克每立方米，生态环境质量保持优良。

改革开放推向纵深，重点领域和关键环节改革取得重要阶段性成果，生态文明、医药卫生、农村集体产权、科技特派员等领域改革措施在全国复制推广。践行“马上就办”，推行“最多跑一趟”，营商环境不断优化。21世纪海上丝绸之路核心区建设深入推进，“丝路海运”“数字丝路”等八大工程成效明显。自由贸易试验区建设取得明显成效。推出惠台66条实施意见、探索两岸融合发展42条措施，闽台各领域融合不断深化。人民生活水平显著提高，居民人均可支配收入达3.72万元，就业规模和质量稳步提升，城镇新增就业累计完成近300万人。社会保障体系全面覆盖，教育、医疗、养老、住房保障、城乡基础设施等民生社会事业领域短板加快补齐，文化事业和文化产业繁荣发展。统筹推进疫情防控和经济社会发展取得重大成果，社会安定有序、团结和谐、充满活力。

当前和今后一个时期，福建和全国一样，仍处于重要战略机遇期，但机遇和挑战都有新的发展变化。世界百年未有之大变局深度演化，新冠肺炎疫情对全球经济影响广泛深远，经济全球化遭遇逆流，保护主义、单边主义上升，外部环境更加复杂、不确定，应对风险挑战压力加大。我国已转向高质量发展阶段，发展不平衡不充分问题仍然突出，实现高质量发展还面临不少困难和挑战。全省经济社会发展也存在一些短板弱项，科技创新能力还不适应高质量发展要求、产业结构不优、产业链发展水平不高、重大项目接续不足、重点领域关键环节改革仍需突破、城乡区域发展不够平衡、居民收入水平有待提升、基本公共服务供给任务较重、生态环保和社会治理亟待进一步加强等。

我省正全方位推动高质量发展超越，处在工业化提升期、数字化融合期、城市化转型期、市场化深化期、基本公共服务均等化提质期，发展基础更加扎实，发展动力加快转换，发展空间不断优化，发展路径愈加清晰。主要机遇有：

——中央赋予福建新使命。以习近平同志为核心的党中央赋予福建全方位推动高质量发展超越的重大历史使命和重大政治责任，明确支持福建探索海峡两岸融合发展新路，是新时代新福建建设的重大历史机遇，叠加21世纪海上丝绸之路核心区、自由贸易试验区、生态文明试验区、福州新区、平潭综合实验区、福厦泉国家自主创新示范区等区域发展政策，将有力支持和推动福建高质量发展。

——创新驱动释放新动力。全球科技创新进入密集活跃时期，新一轮科技革命和产业变革加速演变，新兴技术创新成果层出不穷，经济社会数字化转型加快推进，我省数字经济规模居全国前列，新型显示、集成电路、新材料、新能源等高技术产业逐步壮大，将为高质量发展增添新的动能和优势。

——新发展格局孕育发展新空间。以国内大循环为主体、国内国际双循环相互促进的新发展格局逐步形成，完整的内需体系加快构建，有助于我省发挥民营经济活跃、创新创业创造活力和对外开放等优势，创新高品质产品和服务供给，进一步拓展国内外市场，发展空间更为广阔。

——生态优势加速转化为发展新优势。生态优势是福建最具竞争力的优势，我省国家生态文明试验区建设取得积极进展，生态福建、清新福建的品牌影响力不断提升，生态环境“高颜值”和经济发展“高素质”协同并进，绿水青山向金山银山转化的制度保障更加完备，加快绿色发展的基础更加扎实。

——治理效能提升为发展提供新保障。党的领导更加坚强有力，省域治理体系和治理能力现代化“四梁八柱”基本确立，新时代全面深化改革纵深推进，更高层次开放型经济新体制加快形成，各方面制度更加成熟定型，为发展提供坚强制度保障。

总的来看，未来五年机遇挑战并存，要增强机遇意识和风险意识，把握发展规律，发扬斗争精神，集中精力办好自己的事，准确识变、科学应变、主动求变，善于在危机中育先机、于变局中开新局，不断在新发展阶段取得更大成绩。

第二章　指导方针

高举习近平新时代中国特色社会主义思想伟大旗帜，深入贯彻党的十九大和十九届二中、三中、四中、五中全会精神，全面贯彻党的基本理论、基本路线、基本方略，紧紧围绕统筹推进“五位一体”总体布局和协调推进“四个全面”战略布局，增强“四个意识”、坚定“四个自信”、做到“两个维护”，坚持党的全面领导，坚持以人民为中心，坚持新发展理念，坚持深化改革开放，坚持系统观念，坚持稳中求进工作总基调，以全方位推动高质量发展超越为主题，以深化供给侧结构性改革为主线，以改革创新为根本动力，以满足人民日益增长的美好生活需要为根本目的，统筹发展和安全，努力在建设现代化经济体系上有新的更大进展，在服务全国构建新发展格局上展现更大作为，在积极探索海峡两岸融合发展新路上迈出更大步伐，在推进省域治理体系和治理能力现代化上取得更大突破，实现经济行稳致远、社会安定和谐，不断增强人民群众获得感、幸福感、安全感，奋力谱写全面建设社会主义现代化国家的福建篇章。

“十四五”时期经济社会发展必须遵循的原则：

坚持党的全面领导。坚持和完善中国特色社会主义制度，健全完善党领导经济社会发展的体制机制，把习近平总书记重要讲话重要指示批示精神抓紧抓实抓细抓到位，不断提高贯彻新发展理念、服务全国构建新发展格局的能力和水平，为全方位推动高质量发展超越提供根本保证。

坚持以人民为中心。坚持人民至上、紧紧依靠人民、不断造福人民、牢牢植根人民，坚持共同富裕方向，维护人民根本利益，激发广大人民群众的积极性主动性创造性，尽力而为、量力而行办好民生实事，促进社会公平，增进民生福祉，不断实现人民对美好生活的向往。

坚持新发展理念。把新发展理念贯穿发展全过程和各领域，服务全国构建新发展格局，切实转变发展方式，加快推动质量变革、效率变革、动力变革，实现更高质量、更有效率、更加公平、更可持续、更为安全的发展。

坚持积极服务并深度融入新发展格局。打造国内大循环的重要节点，构建国内国际双循环的重要通道，用好促进国内国际双循环的重要力量，把实施扩大内需战略同深化供给侧结构性改革有机结合，形成需求牵引供给、供给创造需求的更高水平动态平衡。

坚持深化改革开放。坚定不移推进改革、扩大开放，加强省域治理体系和治理能力现代化建设，破除制约高质量发展、高品质生活的体制机制障碍，努力在营造良好发展环境上再创佳绩、在建设开放型经济新体制上走前头。

坚持闽台融合发展。积极探索海峡两岸融合发展新路，以两岸同胞福祉为依归，深化闽台经济、基础设施、社会、文化等领域融合，打造台胞台企登陆的第一家园，为促进两岸关系和平发展、促进祖国统一发挥更大作用。

坚持系统观念。加强前瞻性思考、全局性谋划、战略性布局、整体性推进，坚持在全国一盘棋中找定位、求作为，发挥各方面积极性，着力固根基、扬优势、补短板、强弱项，注重防范化解重大风险挑战，实现发展质量、结构、规模、速度、效益、安全相统一。

第三章　主要目标

到二〇三五年基本实现社会主义现代化和全方位高质量发展超越的远景目标。到二〇三五年，我国基本实现社会主义现代化，我省基本实现全方位高质量发展超越，“机制活、产业优、百姓富、生态美”的新福建展现更加崭新的面貌。展望二〇三五年，我省经济实力将大幅跃升，经济总量和城乡居民人均收入再迈上新的大台阶，基本实现新型工业化、信息化、城镇化、农业现代化；科技创新能力大幅提高，全面建成创新型省份；产业结构全面优化，建成现代产业体系；基本实现省域治理体系和治理能力现代化，人民平等参与、平等发展权利得到充分保障，建成法治福建、法治政府、法治社会；建成文化强省、教育强省、人才强省、体育强省、健康福建，国民素质和社会文明程度达到新高度，文化软实力显著增强；广泛形成绿色生产生活方式，美丽福建基本建成；形成对外开放新格局，在构建更高水平开放型经济新体制上走在全国前列；人民生活更加美好，人均地区生产总值率先达到中等发达国家水平，城乡区域发展差距和居民生活水平差距明显缩小，基本公共服务实现均等化，平安福建建设达到更高水平，人的全面发展、全体人民共同富裕取得更为明显的实质性进展。

“十四五”时期经济社会发展的主要目标。锚定二〇三五年远景目标，今后五年经济社会发展要努力实现以下目标，在全方位推动高质量发展超越上迈出重要步伐。

——经济实力更强。全省经济持续健康发展，地区生产总值年均增长6.3%。经济结构更加优化，服务业增加值比重达50%以上。科技进步贡献率明显提升，研发经费投入年均增长18%以上，创新型省份格局基本形成，产业基础更加牢固，产业链现代化水平明显提高。数字福建建设和数字产业集群发展形成新高地，民营经济、海洋经济发展质量显著提升。常住人口城镇化率达71.5%，城乡区域发展协调性明显增强，现代化经济体系建设取得重大进展。

——改革开放更深入。21世纪海上丝绸之路核心区、自由贸易试验区、厦门经济特区、平潭综合实验区、福州新区等建设再上新水平，多区叠加优势更加彰显，重点领域和关键环节改革取得新突破，更高水平开放型经济新体制基本形成，台胞台企登陆的第一家园建设取得新的重要进展，对台先行示范作用进一步凸显。

——社会文明程度更高。习近平新时代中国特色社会主义思想在福建根深叶茂，社会主义核心价值观深入人心，人民思想道德素质、民主法治素质、科学文化素质和身心健康素质明显提高，公共文化服务体系、文化产业体系更加健全，人民精神文化生活更加丰富，红色文化、海丝文化、朱子文化、闽南文化、客家文化、妈祖文化、闽都文化等八闽文化交相辉映，文化软实力和影响力进一步增强。

——生态环境更优美。国家生态文明试验区建设探索形成更多可复制推广的制度创新成果，省域国土空间治理体系更加健全，绿色发展导向全面树立，碳排放强度持续降低，能源资源配置更加合理、利用效率大幅提高，简约适度、绿色低碳的生产生活方式加快形成，主要污染物排放总量持续减少，单位地区生产总值能源消耗降低等完成国家下达指标，生态环境质量保持全国领先，森林覆盖率达 67.0%、保持全国第一，生态安全屏障更加牢固，高素质高颜值的美丽福建成为亮丽名片。

——人民生活更幸福。实现更加充分更高质量就业，居民收入增长和经济增长基本同步，居民人均可支配收入年均增长 7%以上，收入分配结构不断优化。统筹城乡的基本公共服务实施标准进一步完善，基本公共服务均等化水平稳步提高，高质量教育体系、健康福建基本建成，社会保障体系、养老服务体系更加健全，每千人口拥有执业（助理）医师数达 3.05 人，人均预期寿命提升到 79.63 岁。人民安居乐业，民生福祉达到新水平。

——治理体系更完善。社会主义民主法治更加健全，平安福建、法治福建建设取得新进展，依法依规“马上就办”成为常态化，行政效率和服务水平大幅提升，以党建为引领的基层社会治理水平明显提高，防范化解重大风险体制机制不断健全，突发公共事件应急能力显著增强，自然灾害防御水平明显提升，粮食综合生产能力稳定在500万吨以上，能源综合生产能力达到0.54亿吨标准煤，国家安全东南屏障更加牢固。

专栏1：福建省“十四五”时期经济社会发展主要指标

分类	序号	指标名称	单位	2020年	2025年目标	年均增长[累计]	属性
经济发展	1	地区生产总值增长	%	3.3	—	6.3	预期性
	2	人均地区生产总值增长	%	2.2	—	5.4	预期性
	3	全员劳动生产率增长	%	5.0	—	>6	预期性
	4	服务业增加值比重	%	47.5	50以上	[2.5]	预期性
	5	常住人口城镇化率	%		71.5		预期性
创新驱动	6	研发经费投入增长	%		18以上		预期性
	7	每万人口高价值发明专利拥有量	件	4.19	5.3	[1.11]	预期性
	8	科技进步贡献率	%	58.08	60	[1.92]	预期性
	9	工业战略性新兴产业产值占规上工业产值比重	%	19	23	[4]	预期性
	10	数字经济核心产业增加值占地区生产总值比重	%			[3]	预期性

续表

分类	序号	指标名称	单位	2020年	2025年目标	年均增长［累计］	属性
民生福祉	11	居民人均可支配收入增长	%	4.5	—	7以上	预期性
	12	城镇调查失业率	%		＜5.5		预期性
	13	城镇新增就业人数	万人	54.62	［250］		预期性
	14	劳动年龄人口平均受教育年限	年	11.21	12	［0.79］	约束性
	15	每千人口拥有执业（助理）医师数	人	2.59	3.05	［0.46］	预期性
	16	基本养老保险参保率	%		95		预期性
	17	每千人口拥有3岁以下婴幼儿托位数	个	1.7	3	［1.3］	预期性
	18	人均预期寿命	岁	78.38	79.63	［1.25］	预期性
绿色生态	19	单位地区生产总值能源消耗降低	%	0.73	完成国家下达指标		约束性
	20	单位地区生产总值二氧化碳排放降低	%		完成国家下达指标		约束性
	21	地级及以上城市空气质量优良天数比率	%	98.8	完成国家下达指标		约束性
	22	地表水达到或好于Ⅲ类水体比例	%	97.9	完成国家下达指标		约束性
	23	森林覆盖率	%	66.8	67.0	［0.2］	约束性

续表

分类	序号	指标名称	单位	2020年	2025年目标	年均增长［累计］	属性
安全保障	24	粮食综合生产能力	万吨	502.32	500以上		约束性
	25	能源综合生产能力	亿吨标准煤	0.396	0.54	［0.144］	约束性

注：2020年为预计数或快报数，空缺的待统计；带［］的数据为五年累计数

第 二 篇

坚持创新驱动
塑造发展新优势

坚持创新在现代化建设全局中的核心地位，强化科技自立自强，深入实施科教兴省、人才强省、创新驱动发展战略，营造有利于创新创业创造的良好发展环境，努力建设高水平创新型省份。

第四章　全面提升科技创新能力

第一节　组织重大科技攻关

强化基础研究和源头创新，加强从“0到1”的基础研究，加大基础研究和应用基础研究投入，提升原始创新能力。推动有条件的大学发展为新型研究型大学，加强基础研究人才培养。支持高校和科研机构立足学科比较优势，加强基础理论研究和技术攻关，力争形成一批具有自主知识产权和重大应用前景的原始创新成果，争创国家前沿科学中心。围绕人工智能、新材料、新能源、生物医药、增材制造、机器人、高效储能、定位导航、高精度时空系统等新技术领域，建立健全产业重点攻关技术目录（库），完善科技重大专项“揭榜挂帅”攻关机制，强化跨部门、跨行业重大科技攻关。

第二节　提升企业技术创新能力

实施企业创新能力提升行动，强化企业创新主体地位，促进各类创新要素向企业集聚。发挥大企业引领支撑作用，加强共性技术平台建设，推动产业链上中下游、大中小企业融通创新。推动成长一批核心技术能力突出的创新型领军企业，培育一批掌握产业“专精特新”技术的隐形冠军企业，发展一批活跃的科技型中小微企业。推动高新技术企业、科技小巨人企业和高校、科研机构共建产学研联合体、新型研发机构和协同创新中心，强化产业关键核心技术联合攻关。全面落实国家和省科技创新税费优惠政策，完善企业研发投入激励机制，大幅提高规模以上工业企业设立研发机构比例。

第三节　建设高水平创新平台

实施高水平科创平台建设行动，加快省创新研究院、省创新实验室建设，培育产业发展先导中心。在新一代信息技术、新材料、新能源、生物医药等领域培育、创建一批具备领先实力的国家重点实验室、工程研究中心、制造业创新中心、企业技术中心，争创3～5家国家级创新平台。推动创建福建物质科学与技术国家研究中心。积极引进“大院名校”等重大科研机构，谋划建设中国东南（福建）科学城。支持优势企业设立创新飞地，鼓励省内高校、科研机构在国内外创新人才密集区设立高能级科创平台。

第四节　优化创新资源布局

积极参与国家新一轮全面创新改革试验，深化福厦泉国家自主创新示范区建设，支持福州、厦门争创国家新一代人工智能创新发展试验区，推进三明中关村科技园建设。支持福州、厦门、泉州全力打造科技创新发展“引领极”，以高新区和各类园区为依托，打造科技创新走廊，带动内陆地区围绕特色产业建设协同创新平台，建设山海协作创新中心，建设开放互通、布局合理的区域创新体系。

专栏2：科技创新重大工程

企业创新能力提升行动：加大高新技术企业培育力度，对制造业主辅分离后的生产服务型企业、新业态和新模式企业、高成长性科技型企业等重点对象，在高新技术企业认定中的研发费用归集、知识产权运用等进行帮扶指导。

高水平科技创新平台：建设省创新研究院和省创新实验室。在光电材料化学与物理、柔性电子、智慧车载玻璃等领域推动创建国家重点实验室，加快光电信息科学与技术实验室发展壮大。加快推进“电化学储能技术国家工程研究中心”建设，争创若干国家工程研究中心，在稀土、空天动力、传染病防控、光芯片等重点领域培育一批国家工程研究中心预备队。

第五章　着力打造创业热土

第一节　建设创业平台

推进国家级双创示范基地、省级创业孵化示范基地建设，提升福州大学、厦门大学国家大学科技园的科技创业孵化功能，发展科技企业孵化器、众创空间等新型孵化模式，打造“众创空间—孵化器—加速器—产业园”创业孵化链条。支持开展创新创业赛事活动，以双创活动周、“创响中国”等活动为载体，打造创新创业重点展示品牌，孵化、培育一批高成长性创业主体。

第二节　拓展创业渠道

支持人才创新团队领办创办科技型企业。鼓励和支持科研人员创新创业、兼职兼薪，建立完善科研人员校企、院企共建双聘机制。鼓励和支持有专业技术技能的大学生创业。依托龙头企业和平台型企业经营网络，带动城乡基层创业人员开展创业活动。鼓励返乡下乡人员领办创办农产品加工、农业生产服务及农村电子商务等经营实体，引导农民就地就近发展餐饮、民宿、零售、家政、运输、电商等小投资、低门槛、快见效的项目。

专栏3：双创重大平台

国家级双创示范基地：支持福州新区、泉州丰泽、厦门火炬、厦门大学、泉州晋江市、海峡两岸青年就业创业基地、福州软件园、厦门生物医药港、东侨经济开发区等国家级双创示范基地建设，推动特色化、功能化、专业化发展。

双创活动：持续办好全国大众创业万众创新活动周福建分会场系列活动、“创响中国”系列活动、“互联网+”大学生创新创业大赛、返乡大学生创新创业大赛、“中国创翼”创业创新大赛福建省选拔赛、中国福建（永安）石墨烯创新创业大赛等双创活动。

第六章　加快建设人才高地

第一节　集聚高层次领军人才

深化人才发展体制机制改革，强化市场发现、市场认可、市场评价的引才机制，打好引才育才聚才用才“组合拳”，构建更具竞争力吸引力的人才政策体系和服务体系，做好各层次人才安居、子女教育、医疗等保障，解决后顾之忧。坚持“以产聚才、以才促产”，深化校地人才交流合作，推动产业链与人才链精准对接，突出“高精尖缺”导向引才育才，深入实施省引才“百人计划”、“雏鹰计划”青年拔尖人才和“八闽英才”培育工程。加强重大人才工程与重大科技计划相衔接、招商引资与招才引智相协同，重点培育和引进一批产业领军团队、特级后备人才、创业创新领军人才。完善提升“人才福建周”“人才创业周”等平台，实施“师带徒”引凤计划，吸引高层次人才来闽发展。优化外国高端人才来闽工作绿色通道。

第二节　打造高素质企业家队伍

弘扬企业家精神，鼓励和支持企业家在爱国、创新、诚信、社会责任和国际视野等方面不断提升自己。营造有利于企业家健康成长的良好氛围，培育有开拓精神、前瞻眼光、国际视野的优秀企业家队伍。推进企业经营管理人才职业化、市场化、专业化和国际化，实施企业高级经营管理人才队伍提升工程，举办各类企业高级经营管理人才培训班、中小企业领军人才培训班等，提高企业家经营管理能力。推广“以企业家培养企业家”模式，支持龙头企业培养管理人才，输出优秀企业家。

第三节　培养高技能产业大军

组织实施“技能福建”行动。传承弘扬工匠精神，实施高技能人才振兴计划，组织高技能人才培训基地和技能大师工作室遴选，开展职业技能竞赛，深化职业资格制度改革，推动社会化评价体系建设，壮大高水平工程师队伍和高技能人才队伍，培养更多能工巧匠和技能大师。大力发展技工教育，推进中国特色的企业新型学徒制，培育一批我省急需的高技能产业人才。

专栏4：人才发展重大工程

人才选拔培养项目：组织开展享受国务院特殊津贴专家、产业领军团队、特级后备人才、“雏鹰计划”青年拔尖人才、“创新之星”和“创业之星”等选拔培养工作。

高端外国专家集聚工程：组织实施国家高层次外国专家项目、高端外国专家引进计划、福建省“外专百人计划项目”“高端外国专家团队引进项目”“青年外国专家引进项目”等，建设一批引才引智示范基地（示范单位），大力引进汇聚“高精尖缺”国（境）外创新创业领军人才、优秀创新团队和青年人才。

第七章　激发创新创业创造活力

第一节　优化创新创业创造生态

深入推进科技体制改革，完善科技创新治理体系，优化科技规划体系和运行机制，实行项目、基地、人才、资金一体化配置。实施促进科技成果转化应用工程，建设中科院福建育成中心、福州地区大学新校区科技成果转化对接服务平台，建立全省高校技术转移联盟，推动更多高校科研成果在福建落地转化。提升国家技术转移海峡中心、中科院科技服务网络福建中心、中国·海峡创新项目成果交易会、协同创新院产业技术分院等平台的创新服务能力，壮大技术转移人才队伍，健全科技成果常态化路演和科技创新咨询机制。完善金融支持创新体系，积极吸引科技成果转化引导基金在闽投资，鼓励和推动天使投资、创业投资、知识产权证券化、科技保险发展，拓宽科技成果资本化路径。扩大“科技贷”服务对象，鼓励金融机构开展科技保险、专利权质押融资等金融创新。弘扬科学精神，加强科普工作，营造崇尚创新创业创造的社会氛围。

第二节　完善激励机制

健全以创新能力、质量、实效、贡献为导向的科技人才评价体系。加强学风建设，坚守学术诚信。健全创新激励、保障、容错机制，构建充分体现知识、技术等创新要素价值的收益分配机制，完善科研人员职务发明成果权益分享机制。扩大科研机构和人员自主权，赋予科研机构和创新团队更大的人财物支配权和技术路线决策权。实施全社会研发投入提升行动，建立健全财政性科技经费稳定增长机制，完善对高校、科研院所和科学家长期稳定支持机制。完善政府创新创业基金绩效评价办法，建立符合创业投资行业发展规律的监管考核和激励机制，建立健全政府股权基金投向种子期、初创期企业的容错机制。在省级科学技术奖中增设科技成果转化奖项。

第三节　加强知识产权保护

构建知识产权运营体系、公共服务体系和保护体系，强化知识产权全链条保护，推进“知创中国”“知创福建”线上线下知识产权公共服务平台建设并实现全省覆盖，推动数据资源开放共享，推广应用知识产权公共服务包。实施产业自主知识产权竞争力提升领航计划。加强专利、商标、版权等知识产权综合执法，完善知识产权快速协同保护和信用联合惩戒机制。强化知识产权维权援助服务，加大海外维权援助，建立重大涉外知识产权纠纷信息通报和应急机制。

专栏5：研发投入和成果转化提升行动

全社会研发投入提升行动：财政科技投入保持稳定增长，财政扶持资金优先支持研发投入强度大的企业。优化企业研发经费分段补助、科技贷等创新激励机制。复制推广卫生行业联合基金等资助模式，构建基础研究长期稳定支持机制，鼓励地方、企业和社会力量加大基础研究投入。支持各地“因城施策”“因企施策”，综合运用项目支持、基金引导、股权激励、风险补偿和支持上市等方式，引导社会资金和民间资本进入科技创新领域。

促进科技成果转化应用工程：对接中科院等国家大院大所，持续深化科技成果转化合作。加快建设中科院福建育成中心。聚焦新材料、电子信息、高端装备制造等重点产业转型升级需求，依托龙头企业和中科院研究所及高等院校，支持重大项目落地实施。加快推动包括“芯片制造关键材料的研发及产业化专项”“高品质活性炭绿色制备及产业化专项”等产业化项目落地实施。

第 三 篇
全面优化产业结构
加快构建现代产业体系

深入推进先进制造业强省、质量强省建设，做大做强电子信息和数字产业、先进装备制造、石油化工、现代纺织服装、现代物流、旅游六大主导产业，提档升级特色现代农业与食品加工、冶金、建材、文化四大优势产业，培育壮大新材料、新能源、节能环保、生物与新医药、海洋高新五大新兴产业，打造“六四五”产业新体系。

第八章　建设先进制造业强省

第一节　推动制造业主导产业扩容提质

推进电子信息产业核心关键技术和设备开发，加快“增芯强屏”延链补链发展，强化自主创新及应用，加快数字产业化进程，到 2025 年，电子信息产业规模超 1 万亿元。推进先进装备制造高端化智能化发展，提升关键零部件基础配套能力，到 2025 年，先进装备制造业规模达 1.2 万亿元。推进石油化工 体化精细化发展，以炼化一体化项目为龙头提升基础原料供应能力，完善延伸产业链条，大力发展化工新材料、精细化学品等领域高附加值产品，到 2025 年，力争石油化工业规模达 1 万亿元。推进现代纺织服装品牌化高附加值发展，做大做强上游纤维原料产业，推动中端织造染整关键环节转型升级，拓展提升终端高端纺织品供给应用，到 2025 年，现代纺织服装业规模达 1.4 万亿元。

专栏 6：制造业主导产业重大工程

电子信息产业：集成电路以第三代半导体、存储器、专用芯片等制造为核心，带动设计、封测产业链上下游进一步协同，材料设备等配套产业进一步突破，打造东南沿海重要的集成电路产业基地。新型显示重点聚焦高世代面板、柔性面板及模组等制造，推进配套玻璃基板、发光材料、液晶、靶材、偏光片、关键化学品等材料及设备的研发制造，加快 3D 显示、激光显示、量子点显示等新型显示技术开发应用。计算机和网络通信重点推动国产整机、服务器制造生产，发展 5G 微基站、智能手机、金融智能 POS 机、智能可穿戴设备及各类通信设备与终端等产品，推动 AR/VR 终端产品研发生产。LED 重点加强外延片、芯片研发攻关，发展石墨烯、量子点、OLED、紫外、深紫外等新兴照明材料，推动

Mini/Micro LED技术开发和推广应用。新一代信息技术重点发展全光网络、5G无线网络、窄带物联网、卫星应用，加强通用数据库、人工智能、区块链、云计算、大数据、无人驾驶、超高清视频等关键核心技术攻关和产业化。

先进装备制造业：汽车制造重点推进新能源汽车全产业链发展，打造知名汽车品牌，支持研发应用新一代长寿命、高安全性动力电池，打造东南沿海最具竞争力的新能源汽车产业基地。船舶和海工装备重点发展深海采矿船、现代化客滚船、高端远洋渔船等高技术船舶，开展电动船动力系统、充电设施的研发和船舶电池动力系统制造的标准化研究，推动电动船舶试点示范，突破深远海养殖装备关键技术，发展深海养殖渔场、鲍鱼养殖平台等深远海养殖装备。数控机床重点发展精密数控加工中心、多工位复合数控机床等，加快滚动丝杠、主轴头、数控系统等配套发展，补齐数控机床核心功能零部件短板。工程机械重点提升装载机、挖掘机、叉装车等产品品质，加快发展发动机、高压液压件等核心配套件，打造泉州、龙岩、厦门工程机械产业集群。电工电器重点发展稀土永磁电机、高端电工电器等产品，打造闽东电机电器产业集群，福州、厦门输变电及控制设备生产基地，福州、南平电线电缆生产基地，漳州、泉州电工电器生产基地等。

石油化工业：围绕古雷石化基地、湄洲湾石化基地、江阴化工新材料专区以及连江可门化工新材料产业园等石化产业集聚区建设，加快推进乙烯、炼化一体化等项目，延伸完善“原油—烯烃、芳烃—下游产品”炼化一体化产业链、“PX—PTA—聚酯/涤纶—下游产品”产业链、“苯—环己酮—己内酰胺—聚酰胺6（尼龙6）—下游产品”产业链、“苯/

甲苯—TDI/MDI—聚氨酯—下游产品”产业链。重点发展工程塑料、氟硅材料、功能性膜材料、石油催化剂等高端精细化学品和化工新材料。

现代纺织服装业：加快发展新型功能性服装用纤维和产业用纤维，推动发展生物基纤维等绿色化纤原料。加快棉纺生产流程智能化、数字化改造。发展低能耗、低水耗、低污染物排放的绿色染整技术。鼓励发展新一代时尚、功能、智慧服装产品，引领鞋材面料高端化、制鞋工艺智能化、鞋机装备自动化、行业品牌区域化发展。支持拓展产业用纺织纤维生产、非织造、加工装备、产品应用等产业链，培育产业用纺织品新增长点。

第二节　提档升级优势产业

以智能制造为主攻方向，深入实施企业技术改造专项行动，用好技改奖补政策，拓展5G工业应用场景，全面推动传统优势产业数字化、网络化、智能化、绿色化、服务化升级，提升质量品牌和产业发展层次。推进食品加工业生态化特色化发展，提升产品附加值，到2025年，食品加工业规模达8500亿元。推进冶金产业绿色发展，促进产品结构调整和精深加工，到2025年，冶金产业规模达7100亿元。推进建材产业新型化发展，加快产品结构优化和产业转型升级，到2025年，建材产业规模达6200亿元。

专栏 7：制造业优势产业重大工程

食品加工业：重点推进原料基地化、产品系列化、区域特色化、品牌高端化发展，优化闽东南粮油果蔬加工、闽西北生态食品、闽南休闲食品，以及海洋食品、特色酒饮料茶等特色产业布局。

冶金产业：加强绿色化改造升级、延伸精深加工及应用产业链，着力打造钢铁机械产业基地、不锈钢新材料产业基地、稀有稀土金属材料研发应用基地、有色金属材料生产基地。

建材产业：加快开发新型绿色建材产品，推进精深加工高附加值建筑饰面石材发展，开发高端定制、智慧型卫生陶瓷和水暖产品、特种水泥产品，提高产业集中度，建设全国重要建材生产基地。

第三节　增强制造业核心竞争力

巩固壮大实体经济根基，保持制造业增加值比重在三分之一左右。实施产业链现代化建设工程，加强战略设计和精准施策，密切产业链供应链上下游合作，打通堵点断点环节，增强产业链供应链的稳定性、应急能力和协同能力，一体推进强链补链延链，打造一批自主可控、安全高效的标志性产业链。实施产业基础能力提升工程，攻关一批“卡脖子”关键技术，支持首台（套）重大技术装备、首批次新材料研发和推广应用，推动产业链关键产品国产化替代，提升关键基础材料、核心基础零部件（元器件）、先进基础工艺等产业技术基础发展水平，补齐产业基础短板和关键缺失环节。深入实施品牌质量提升工程，完善质量基础设施，建设新兴产业计量测试中心，加强标准、计量、专利等体系和能力建设。实施工业（产业）园区标准化建设工程，引导产业链上下游企业向园区集聚，打造布局合理、区域特色明显的产业集群。

第四节　壮大创新型企业群体

推进强龙头重引领专项行动，健全龙头企业挂钩服务机制，推动龙头企业优化升级、创新发展。支持优势企业提升产业链垂直整合和跨领域横向拓展能力，促进上下游配套协同。大力培育独角兽企业、瞪羚企业，建立优质企业梯度培育体系，完善高新技术企业成长加速机制，按照“科技型中小企业—省级高新技术培育企业—国家级高新技术企业”的发展梯次，扶持一批有潜力的科技型企业加速成长为国家高新技术企业、科技小巨人领军企业和制造业单项冠军企业。到2025年，国家级高新技术企业达8000家，省级“专精特新”中小企业达1000家以上，单项冠军企业达300家以上。

第九章　发展壮大战略性新兴产业

第一节　做大战略性新兴产业规模

实施战略性新兴产业集群发展工程，围绕新材料、新能源、节能环保、生物与新医药、海洋高新等重点领域，以龙头骨干企业带动吸引一批创新能力强、落地效果好、填平补齐产业链的配套企业集聚，加快打造一批百亿级、千亿级战略性新兴产业集群，培育新技术、新产品、新业态、新模式，到2025年，战略性新兴产业增加值达9000亿元。

第二节　前瞻性谋划未来产业

跟踪国际科技前沿，聚焦新一轮科技革命和产业变革，围绕人工智能、区块链、泛物联网、量子科技、类脑科学、柔性电子、高效储能、无人驾驶等新技术领域，前瞻布局新兴产业前沿科学问题研究与技术研发，加快新技术、新产品产业化应用，培育未来产业。

专栏8：新兴产业重大工程

新材料产业：重点发展省内急需的金属复合材料、半导体材料、锂电池正负极材料等关键基础材料；加强对碳基材料、高性能材料、智能化材料、纳米复合材料等前沿新材料的研究和应用创新，加速材料科学领域技术创新，抢占新材料产业竞争制高点；持续推进福州、厦门、莆田国家新型功能材料战略性新兴产业集群建设；做优做强稀土、钨材料、石墨烯、氟化工、特种陶瓷、锆镁、不锈钢新材料等产业，打造福州光电材料、三明永安石墨产业、龙岩长汀稀土等一批新材料产业基地。

新能源产业：加快引进和培育制氢、储运氢、加氢站相关设备、氢燃料动力电池系统、电堆及其核心部件等产业化项目，打造东南沿海氢燃料电池汽车产业制造高地；推动超薄 HDT 高效异质结太阳能电池技术开发应用，发展半片技术、叠片技术、双玻组件等光伏组件产品；发展海上风电设备，探索构建风光储充一体化、多能互补、协同发展的新能源产业新业态，打造集研发、制造、应用于一体，具有国际影响力的沿海新能源产业创新走廊和技术、标准、成果、装备输出高地。

节能环保产业：重点突破并掌握一批“三废”处理关键核心技术，开发一批先进节能环保装备。在应对气候变化领域，支持开展碳捕集、利用与封存等技术研发及应用；大气污染防治领域，支持开展烟气超低（净）排放改造，VOCs 治理等成套设备制造；水污染防治领域，支持开展膜材料和组件、垃圾填埋渗滤处理、紫外线消毒、高浓度难降解工业废水成套设备等技术研发及应用；固体废弃物防治领域，支持聚焦脱硫石膏、粉煤灰、钢渣等大宗固体废弃物，提高综合利用技术水平及装备制造能力。

生物与新医药产业：重点发展用于重大疾病防治的生物技术药、新型化学药、现代中药等创新药物品种和预防重大传染病的新型疫苗；加快先进医疗器械、新型医用材料、生物材料、体外诊断试剂等生物医药工程研发和产业化；推动建设生物多样性种质资源库，开展合成生物学、酶工程、发酵工程等技术研究和产品开发，推进生物基材料高值化开发利用，支持片仔癀等传统名优中成药做强做优，提升生物制造产业发展水平；培育壮大生物医药产业集群。

第十章　提升现代服务业发展水平

第一节　推动生产性服务业专业化高端化发展

以产业转型升级需求为导向，促进现代物流、电子商务、商贸会展、金融服务、科技信息等生产性服务业向专业化和价值链高端延伸。完善物流产业体系，推进交通与物流融合发展，优化物流枢纽设施布局，大力发展多式联运、网络货运等，做大做强港区物流，发展冷链物流、电商物流、智慧物流、保税物流，逐步降低物流成本。加快各类优质金融资源集聚，持续实施“引金入闽”工程，做大做强地方法人金融机构。完善有利于总部经济发展的政策机制。加快发展研发设计、法律服务、会展、知识产权服务等服务业。

专栏9：生产性服务业重大工程

现代物流：重点培育具有全产业链服务能力的大型服务平台企业；开展供应链试点，引导物流企业融入制造业企业供应链管理；推进福州、厦门、泉州、三明、平潭国家物流枢纽布局承载城市建设，加快国家骨干冷链物流基地等冷链基础设施建设；布局建设临港物流园区，支持重点港区和福州、厦门、泉州机场物流项目；加快建设铁路物流枢纽，支持铁路沿线场站综合开发；推动城乡冷链物流基础设施项目建设，实施农产品产地预冷推进工程、高速公路服务区及落地互通服务业提升示范工程；建设一批区域性仓储配送基地，推广全省性物流公共信息平台、交易平台应用，促进干支仓配一体化发展。推进福州现代物流城（一期）项目建设。

电子商务：加快跨境电商贸易创新，推进福州、厦门、漳州、泉州、莆田、龙岩跨境电商综合试验区建设，启动跨境电商B2B出口和出口海外仓业务试点。培育优势行业垂直电商平台，发展农村电商，推动创建国家级农村电商示范县。实施“百千万亿”促销行动。

商贸会展：促进商贸创新转型，大力发展新零售，加强线上线下融合互动，推进传统商贸和实体商业转变经营模式、创新组织形式、增强体验式服务能力。发展智慧会展、云会展等新业态，提升会展品牌，培育会展名城、名展、名企、名馆。

金融服务：加快发展普惠金融，鼓励发展科技金融、绿色金融。鼓励福州、厦门、泉州、平潭建设各具特色的金融集聚区，支持马尾等具备条件的地区建设“基金港”。

科技信息服务：培育技术先进型服务企业，促进研究开发、工业设计、技术转移转化、科技咨询等服务集成发展，支持发展多种形式的创业创新支撑和服务平台。鼓励发展平台经济、分享经济和体验经济等新业态新模式，促进区块链技术运用和分布式服务模式发展。

第二节　推动生活性服务业品质化多样化发展

适应生活方式转变和消费结构升级新需要，在政府保基本、兜底线基础上，充分发挥市场主体作用，多渠道增加旅游、文化、康养、育幼、体育、家政、物业等生活性服务有效供给，以高质量供给拓展新的服务消费市场。促进生活性服务业规范化、标准化发展，改善服务体验，全面提升服务品质和消费满意度，更好满足人民群众多层次多样化需求。

专栏10：生活性服务业重大工程

旅游：深化“清新福建”“全福游、有全福”品牌建设，打造福州三坊七巷等文化旅游休闲街区、厦门旅游休闲城市、武夷山世界级旅游景区和全域生态旅游目的地、泉州历史文化旅游城市、平潭国际知名休闲度假旅游岛，用好福州世界遗产大会的影响力，提升“福州古厝”和武夷山、福建土楼、泰宁、鼓浪屿等世界遗产在国内外的知名度；大力发展乡村休闲旅游；丰富滨海旅游产品，培育福建特色的邮轮旅游产业；培育生态旅游、文化旅游、海洋旅游、温泉旅游、低空旅游等新业态发展，到2025年，力争全省旅游总收入突破万亿元大关。

文化：实施文化产业数字化战略，加快发展新型文化企业、文化业态、文化消费模式，大力发展数字文化、影视演艺等文化产业，到2025年，力争文化产业增加值比重达6%以上。

体育：加快发展健身休闲产业，促进体育旅游、体育传媒、体育会展、体育经纪等业态发展。加快福州、厦门、三明等国家级体育消费试点城市建设。

健康养老：支持中医药养生保健、医疗康复、健康管理、心理咨询等服务发展。推动养老服务向精神慰藉、康复护理、紧急救援、临终关怀等领域延伸。

家庭社区服务：实施家政服务业提质扩容行动，开展标准化试点示范，培育家政服务品牌，完善家政服务业信息体系。鼓励发展无人售货等便民新业态，发展用餐、保洁等多样社区服务。鼓励物业企业应用信息技术转型发展。

第三节　优化服务业发展环境

分类有序放宽服务业准入限制，包容审慎监管服务业新产业、新业态、新模式，在质量监控、消费维权、税收征管等方面实施线上线下一体化管理。全面落实支持服务业发展的税收优惠政策，降低服务业发展成本。加大海外高端服务业人才引进力度，推动国内国际服务标准接轨，推动服务业数字化、标准化、品牌化发展。

第 四 篇

加快数字化发展
建设新时代数字福建

把数字福建建设作为推动高质量发展的基础性先导性工程，持续放大数字中国建设峰会平台效应，深化国家数字经济创新发展试验区建设，打造数字中国样板区和数字经济发展新高地。

第十一章　推进数字经济创新发展

第一节　强化关键数字技术创新应用

聚焦核心电子器件、高端通用芯片、基础软件、工业软件以及大数据、人工智能、5G、区块链、高性能计算、物联网、网络安全、量子信息等领域，集聚优势创新资源开展联合攻关。增强关键数字技术研发能力，争取人工智能、智能制造等重点领域国家自然科学基金长期项目。在数字政府、产业数字化、数字化治理、信息化惠民等方面，加大数字技术应用场景开发开放力度，促进数字技术、产品、解决方案迭代和应用，打造“数字应用第一省”。

第二节　做大做强数字经济核心产业

巩固提升物联网、大数据、云计算、卫星应用等优势产业，大力发展5G、人工智能、区块链等新兴产业，推动集成电路、工业软件、网络通信、核心元器件及关键材料等基础产业向价值链中高端发展。大力推进超高清视频产业发展和相关领域应用。引导互联网平台企业开发线上线下结合、跨界业务融合新模式，推动省级平台经济示范区做大做强。实施优质创新企业培育行动，培育一批年主营业务收入超百亿元企业。开展数字经济园区提升行动。

第三节　推动产业数字化转型

深化互联网、大数据、人工智能等数字技术在各产业推广应用，推进数据赋能研发、生产、流通、服务、消费全价值链协同和融合应用。实施工业互联网创新发展战略，加快推进智能制造，深入实施“上云用数赋智”行动，面向垂直行业推进工业互联网标识解析体系建设，形成一批技术领先、引领行业发展的工业互联网平台，支持龙头企业建立智慧供应链网络、智能工厂，发展服务型制造。大力发展数字农业、智慧农业。

专栏 11：数字经济创新发展工程

国家数字经济创新发展试验区建设： 推进区域特色试验，形成一批在全国具有引领性、示范性的试验成果，建成数字中国建设示范区、数字经济体制机制创新先导区、智慧海洋和卫星应用产业集聚区、“数字丝路”核心区。

数字优质创新企业培育行动： 培育 5000 家以上数字经济领域科技小巨人、单项冠军、“瞪羚”、“专精特新”等创新企业，加强要素保障和政策、资金、项目扶持，形成一批未来领军型创新企业和平台型生态企业。

数字技术集成创新应用行动： 拓展数字技术集成应用场景，建设数字应用场景滚动推进项目库，创新推出一批便民利企数据产品和数据服务。

企业“上云用数赋智”行动： 建立政府机构、平台企业、金融机构、研究机构、中小微企业联动推进数字化转型的机制，支持建设一批中小企业数字化转型促进中心，构建产业链上下游和跨行业融合的数字化生态体系，赋能传统行业转型升级。

数字经济园区提升行动： 重点推进福州软件园、福州马尾物联网产业基地、厦门软件园、数字福建（长乐、安溪）产业园、泉州软件园、泉州芯谷、漳州招商局·芯云谷、三明红明谷、武夷智谷等园区建设，打造 5 个以上规模超千亿的数字产业集群。

新一代信息技术与制造业融合工程：争取设立中国工业互联网研究院福建分院、国家工业互联网大数据中心福建分中心，加快特色产业集群数字化转型，培育一批面向重点行业重点领域的工业互联网平台。

第十二章　加快数字社会建设步伐

第一节　提供智慧便捷公共服务

充分利用新一代信息技术，建立跨部门跨地区业务协同、共建共享的公共服务信息体系，在就业、教育、医疗、养老、社会保障、文化、旅游、食药品安全、生态环境等领域，推进优质、高效、普惠的数字化应用。加快“互联网＋政务服务”向城乡社区延伸，推动智慧社区信息系统和移动端应用全覆盖，健全社区信息化服务载体和治理平台，促进优质服务资源共享复用。

第二节　建设智慧城市和数字乡村

推进“数字城市大脑”建设，加快城市运行“一网统管”步伐，深化社会治理智慧化应用，实现“观管防”有机统一。加强城市“神经元”感知系统建设，提供城镇交通、给排水、能源、通信、环保、应急、消防、防灾与安全生产等智慧应用服务。建设数字乡村，推进农村基层政务信息化应用，加快现代信息技术与农村生产生活全面深度融合。推进益农信息社建设。

第十三章　提升数字政府建设水平

第一节　推进公共数据资源开放共享

建立完善全省公共数据资源目录，实施政务数据汇聚应用工程，完善人口、法人、社会信用、自然资源和空间地理等基础数据资源库、电子证照等重点资源库，分期分批建设行业主题数据库，进一步规范电子文件归档和电子档案管理，推动数字档案室、档案馆建设。拓展公共数据开放维度，促进与民生紧密相关、社会迫切需要、产业发展急需的重点领域公共数据资源开放。健全政务数据汇聚共享保障机制，统筹推进政务数据跨部门、多层级汇聚共享和“一源多用”，打破信息孤岛，把“数据池塘”汇聚成“数据海洋”。

第二节　提升数字化政务服务效能

加快建设整体协同、高效运行的数字政府，以数字化撬动机关效能建设，提高政府业务协同和管理效率。提升政务网络支撑能力，完善电子政务外网技术架构。

构建“物理分散、逻辑统一、资源共享”的数字福建政务云计算体系。全面推进电子证照生成和普及应用，实施统一政务业务协同平台（服务总线）工程。大力实施“链上政务”工程。完善“互联网+监管”系统。拓展省网上办事大厅功能，全面提升闽政通掌上政务服务平台。

专栏 12：数据资源管理应用工程

公共数据资源目录：优化完善政务数据资源目录，编制教育、卫生等事业单位和供水、供电、供气、电信、邮政、交通运输等公用企业公共数据资源目录。

公共数据基础库和主题库：建设人口、法人、社会信用、自然资源和空间地理等基础数据资源库和电子证照等重点资源库，分期分批建设卫星应用、金融发展、生态建设、教育、卫生健康、体育、文化旅游等行业（主题）数据库。

公共数据资源开发利用：依法有序开放与民生紧密相关、社会迫切需要、产业发展急需的重点领域公共数据资源，开发上线省公共数据资源开发服务平台，强化公共数据资源供需对接，培育数据开发市场主体。

数字政府应用工程：省电子政务外网改造提升工程、云计算中心提升工程、全省一体化协同办公平台、闽政通“八闽码”推广应用工程、省网上办事大厅提升工程、政务服务自助终端推广工程。

第十四章　营造良好数字生态

第一节　健全数据要素市场规则

围绕数据权属、价格和交易，探索完善相应的行业标准、规范和数据流通交易规则。支持开展数据资产管理、数据交易、结算交付等业务，逐步建立全链条数据要素供需对接市场。探索设立东南大数据交易中心，推进数据交易服务平台建设，健全数据要素交易信息披露制度。探索建立适应数据要素发展、更具弹性的审批监管制度。

第二节　增强数据应用和安全

加快推进大数据发展的立法进程，保障数据安全，加强个人信息保护。完善数据产权保护机制，建立健全公共数据开发技术标准体系，推进数据资源场景式开发利用，提升大数据分析挖掘和可视化水平。坚持传统化服务方式与智能化服务创新并行，切实解决老年人在运用智能技术方面遇到的困难，提升全民数字技能，建设包容型智慧社会。缩小城乡数字鸿沟，推动信息服务全覆盖。强化网络安全支撑能力，提升全省网络安全威胁信息共享和应急处置能力。

第五篇

全面深化改革
完善市场经济体制机制

坚持和完善社会主义基本经济制度，聚焦重点领域、关键环节，加强系统集成、协同高效，推动有效市场和有为政府更好结合，以更深层次改革提高资源配置效率、调动全社会积极性。

第十五章　增强市场主体活力

第一节　推进国有经济布局优化和结构调整

聚焦国家和全省发展战略，以市场为导向，推动国有资本布局向先进制造业、现代服务业、现代基础设施产业和新经济领域集中，提高战略性新兴产业比重，充分发挥国有企业在畅通产业循环、市场循环和经济社会循环等方面的引领带动作用。积极发挥国有资本投资

（运营）公司功能作用，开展投资融资、产业培育和资本运作，加强投资引导和结构调整，推动产业集聚和资源整合。盘活存量国有资本，促进国有资产保值增值，提升国有经济竞争力、创新力、控制力、影响力和抗风险能力。支持有条件的国有企业积极“走出去”。

第二节　深化国资国企改革

深入推进国企改革三年行动。积极稳妥推进混合所有制改革，分层分类确定改革路径，规范并有序推进具备条件的公益类企业投资主体多元化，到2025年，省属企业股权多元化比例达到全国平均水平以上。支持优质后备企业挂牌上市，鼓励优质创新型企业分拆上市。加快完善国有企业法人治理结构和市场化经营机制，健全经理层任期制和契约化管理，完善中国特色现代企业制度。深化“双百行动”“科改示范行动”等改革专项行动，支持符合条件的混合所有制企业依法依规建立上市公司股权激励、科技型企业股权和分红激励等中长期激励机制。健全管资本为主的国有资产监管体制。

第三节　稳步推进自然垄断行业改革

加快自然垄断行业竞争性环节市场化，打破行政性垄断，构建适度竞争新机制。有序放开各类电源上网电价，逐步放开除公益性用户外其他用户销售电价。深入推进售电侧改革和电力市场建设，进一步放开发用电计划和完善电力中长期市场，继续放宽准入条件并扩大交易电量规模，开展常态化的市场注册和交易工作。完善电力交易规则，推进大型储能电站试点示范，推动可再生能源发电侧、用户侧储能示范应用。稳步推进电力现货市场建设。加强天然气管输费核定，加快形成多气源保供的市场化竞争格局。

第四节　激发民营经济活力

创新发展“晋江经验”，鼓励引导民营企业心无旁骛办实业，掀起新一轮创新创业大潮。完善支持民营企业、中小微企业和个体工商户发展的法治环境和政策体系。全面实施市场准入负面清单制度。破除制约市场竞争的各类障碍和隐性壁垒，在基础设施、社会事业等领域按国家部署有序放宽市场准入，实现公平竞争。完善民营企业融资增信支持体系，创新政银企平台建设，拓宽合作领域，提供更优质、更高效的金融服务。实施中小企业梯度培育行动，引导“个转企、小升规、规改股、股上市”。构建亲清政商关系，健全企业家恳谈会、服务民营企业“四访四通”等机制，提高“政企直通车”服务效能。

第十六章　推进高标准市场体系建设

第一节　全面完善产权制度

健全以公平为核心原则的产权保护制度，全面依法平等保护民营经济产权，依法严肃查处各类侵害民营企业合法权益的行为。加快构建明晰、稳定、可预期的产权执法司法保护制度体系。探索建立涉政府产权纠纷问题治理的长效机制。发挥工商业联合会、行业协会、商会作用，支持商会组织改革发展，建立对涉及产权纠纷的中小企业维权援助机制。

第二节　优化要素市场化配置

持续深化土地、劳动力、资本、技术、数据等要素市场化配置改革，调整完善产业用地政策，加强人力资源市场体系建设，持续建设多层次资本市场，加快发展技术要素市场、数据要素市场。加快要素价格市场化改革，健全主要由市场决定价格的机制，加强要素价格管理和监督。健全要素市场运行机制，完善要素交易规则和服务，提升公共资源交易监管水平，健全交易风险防范处置机制，增强要素应急配置能力。

第三节　推进信用福建建设

健全社会信用体系，完善公共信用信息平台和信用门户网站，依法归集与共享信用信息。规范和健全失信行为认定、记录、归集、共享、公开、惩戒和信用修复等机制，构建以全国公共信用信息基础目录和全国失信惩戒措施基础清单为主、地方公共信用信息补充目录和地方失信惩戒措施补充清单为辅的信用监管法治框架，推进信用立法。培育信用服务市场，拓展以“信易贷”为重点的守信激励应用场景，推动与全国平台互联互通。加强信用信息安全管理，保护信用主体合法权益。加强诚信文化宣传，提高全社会诚信意识和信用水平。

第十七章　提高政府经济治理能力

第一节　构建综合协调新机制

强化发展规划战略导向作用，健全投资、消费、产业、区域等政策协同发力的宏观调节制度体系，增强宏观调节前瞻性、针对性、协同性。创新和完善政策预研储备机制，加大重点领域重大问题研究和政策储备力度。加强经济监测预测预警能力建设，充分运用大数据等现代化技术手段，提升预期引导和管理能力，完善重大政策事前评估和事后评价制度，增强政策针对性和实施效果。推进统计现代化改革。

第二节　持续优化营商环境

大力倡导和践行“马上就办、真抓实干”的优良传统作风，纵深推进“放管服”改革，打造市场化法治化便利化国际化营商环境，大力吸引和培育独角兽企业，让创新创造在福建更快捷、更方便、更易成功。健全公平竞争审查实施机制，加强反垄断和反不正当竞争执法，维护公平竞争。全面推行行政审批、政务服务标准化，推进政务中心转型升级，持续精简审批材料，优化审批流程。推进与企业发展、群众生活密切相关的高频事项“跨省通办”“省内通办”，全面提升全程网办水平，推动政务服务从“一网通办”到“一网好办”。完善“双随机、一公开”、“互联网＋监管”、跨部门协同监管，加强事中事后监管，对新产业新业态实行包容审慎监管。完善市场主体退出机制。

第三节　深化财税金融体制改革

加强中期财政规划管理，增强与重大改革、重要政策和重大项目的协调衔接。深化预算管理制度改革，推进财政支出标准化，稳步推行零基预算管理，强化预算约束。全面实施预算绩效管理，提高财政资金使用效率。

明确省和市县事权与支出责任，健全省以下财政体制，完善省对市县转移支付制度，增强基层财政公共服务保障能力。用好用足中央赋予的地方税管理权限，推进地方税体系建设。优化金融服务体系，规范发展中小金融机构和地方金融组织，增强地方法人金融机构竞争力。完善金融有效支持实体经济体制机制，支持企业直接融资，改善面向民营企业、中小微企业的金融服务供给，建设普惠金融改革试验区。

第六篇

实施扩大内需战略
积极服务并深度融入新发展格局

坚持扩大内需这个战略基点，加快培育完善内需体系，扭住供给侧结构性改革，同时注重需求侧管理，以创新驱动、高质量供给引领和创造新需求，更好服务全国构建新发展格局。

第十八章　着力完善内需体系

第一节　促进消费扩容提质

完善扩大内需政策支撑体系，提升传统消费，培育新型消费，适当增加公共消费。完善“互联网+”消费生态体系，引导平台型消费、共享经济等新经济新业态新模式加快孕育成长，推动线上线下消费有机融合。开拓城乡消费市场，推动农村居民消费梯次升级。推动汽车等消费品由购买管理向使用管理转变，实施“电动福建”建设行动，支持新能源汽车消费。促进住房消费健康发展。落实带薪休假制度，扩大节假日消费，大力发展夜间经济。培育区域性消费中心城市。推动更多体育赛事、大型会展、节庆活动等落户福建。培育健康理性的消费理念，强化消费市场秩序监管，有效保护消费者合法权益，创建安全放心的消费环境。

第二节　积极扩大有效投资

优化投资结构，保持投资合理增长，深化“五个一批”项目推进机制，在新型基础设施建设与数字经济发展、新型城镇化建设、传统基础设施提升、生态文明建设、战略性新兴产业集群建设、先进制造业发展、服务业创新发展、民生保障等“八大工程”领域，推进一批强基础、增功能、利长远的重大项目建设。健全市场化投融资机制和促进民间投资工作机制，探索政府投资新模式，推动基础设施领域不动产投资信托基金试点，吸引民间资本、各类产业投资基金参与基础设施和公用事业建设。优化和创新投资审批服务，精简投资审批事项，加强事中事后监管，探索建立综合服务机制。

第十九章　打造国内大循环的重要节点

第一节　提升供给体系适配性

依托强大国内市场，以市场化改革打通制约产业循环、市场循环、经济循环的痛点堵点，贯通生产、分配、流通、消费各环节，充分释放城乡区域协调发展蕴含的巨大潜力。强化科技创新、标准引领和品牌建设，推动“福建制造”向“福建智造”“福建创造”转型升级。推动金融、房地产同实体经济均衡发展。改造升级商贸流通设施，完善现代商贸体系。

第二节　大力拓展国内市场

做实做优做强实体经济，进一步提升福建在国内产业链供应链中的地位。健全现代流通体系，构建生产、运输、仓储、流通、配送全链条服务。加强跨省区域合作，积极对接长三角、粤港澳大湾区，充分利用泛珠三角区域合作、闽浙赣皖区域协作、援疆援藏援三峡、闽宁闽甘协作等平台，搭建跨部门综合服务平台。组织企业参加服贸会、广交会、进博会、高交会、投洽会等重大经贸活动，支持企业拓展市场销售渠道，促进产供销有效衔接，扩大福建优势产品市场份额。

第二十章　构建国内国际双循环的重要通道

第一节　推动内外贸一体化发展

用好国内国际两个市场、两种资源，推动市场顺畅对接、产业深度链接、规则有序衔接，扩大双向投资和贸易。在内外贸、投融资、财政税务、金融创新、出入境等方面探索更加灵活的政策体系、更加科学的管理体制，促进内需与外需、出口与进口、吸引投资和对外投资协调发展。鼓励出口企业与国内大型商贸流通企业对接，多渠道搭建内销平台，扩大内外销产品“同线同标同质”实施范围，降低出口产品内销成本。

第二节　畅通国内国际市场流通网络

完善海港、空港及集疏运体系建设，大力发展海铁联运、海空联运、海公联运、公铁联运等多式联运，打造贯通南北、联接东西、通江达海的大动脉，成为服务“一带一路”、中西部及周边地区的前沿枢纽。畅通与周边省份及主要城市流通网络，完善省际间信息沟通、收益分享等机制，更好联通国内市场。推进与周边及内陆省区口岸通关合作，加强民用航空航线网络建设合作，促进人流、物流、资金流、信息流的畅通流动。

第三节　用好促进国内国际双循环的重要力量

发挥我省民营经济比重大、侨胞数量多的特色优势，弘扬勇于创新、敢拼会赢的闽商精神，推动民营企业家成为开拓市场、畅通循环的主力军；以侨架桥、引侨聚侨，多措并举打好新“侨”牌，推动侨资侨智成为经贸合作、融通内外的桥梁纽带，吸引更多高端资源要素汇聚福建，推动更多福建产品和服务走向全国、走向全世界。

第七篇

加快农业农村现代化
全面推进乡村振兴

坚持农业农村优先发展，把解决好“三农”问题作为重中之重，走符合福建特点的乡村振兴之路，强化以工补农、以城带乡，推动农业全面升级、农村全面进步、农民全面发展。

第二十一章　提高农业质量效益和竞争力

第一节　稳定农产品生产

健全农业支持保护制度，坚持最严格的耕地保护制度，全面实行永久基本农田特殊保护，深入实施藏粮于地、藏粮于技战略，完善和落实耕地地力保护补贴、种粮大户和产粮大县奖励、水稻种植保险等扶农惠粮政策。稳定水稻生产，适度扩大甘薯、马铃薯、玉米等旱粮种植。推进高标准农田建设，加强农田水利建设，实施大中型灌区续建配套与现代化改造，重点完善800万亩水稻生产功能区的路沟渠等配套设施。支持三明“中国稻种基地”和南繁育种基地建设，到2025年，粮食播种面积稳定在1250万亩以上，综合生产能力稳定在500万吨以上。优化畜禽产业区域布局和结构，推进畜禽产业向标准化、生态化、智能化、现代化转变。推进园艺作物标准化生产、禽类标准化规模养殖和水产健康养殖，稳定水果、蔬菜、禽蛋、水产品等生产，实现“菜篮子”产品量足质优价稳，完善重要民生商品价格调控机制，保障市场供应和价格总体平稳。健全农村金融服务体系，推动农业保险扩面增品提标，健全大灾风险分散机制。

专栏13：重要农产品保障重大工程

高标准农田建设工程：持续增加高标准农田保有量，推进田块整治、土壤改良、灌排设施、田间道路、农田防护、农田输配电等建设，到2025年全省新增高标准农田300万亩、改造提升160万亩。

大中型灌区续建配套与现代化改造工程：东张、山美、浦城南浦、三明、龙岩等5个大型灌区续建配套与现代化改造，40个中型灌区节水改造。

畜禽产业转型升级：新改扩建165个现代化生猪标准化养殖项目，通过拆小建大，实现生猪产业转型升级，规模化生猪养殖场全面实现标准化、智能化管理，生猪规模化率达95%以上。新改扩建蛋禽项目25个、肉禽项目17个、牛羊兔等草食动物产业项目25个，建设标准化养殖舍、自动化饲养设备等。

第二节　提高特色现代农业发展水平

坚持科技兴农、质量兴农、绿色兴农、品牌强农，强化农业科技和装备支撑，加快推进农业由增产导向转向提质导向，加快构建现代农业产业体系、生产体系、经营体系。强化特色农产品优势区建设，实施特色现代农业高质量发展“3212”工程，做强做优做大茶叶、林竹、蔬菜、水果、畜禽、水产、花卉苗木、食用菌、乡村旅游、乡村物流等乡村特色产业，建设茶叶等特色农产品专业电商平台，发展林下经济、笋业、中药材产业。到2025年，全省农林牧渔业增加值年均增长3%，十大乡村特色产业全产业链总产值超3万亿元。发展壮大农业园区，加快培育壮大多元融合主体，丰富乡村经济业态，延伸农业产业链、价值链，提升农村一二三产业融合发展水平。推进农业良种化、农田标准化、生产机械化、农业信息化，培育打造一批“福字号”优质农产品品牌、农产品区域公用品牌。实行质量安全全程追溯，推进食用农产品合格证与“一品一码”追溯并行，加强农产品质量安全检验检测，开展绿色防控技术与统防统治融合示范推广。

专栏14：特色现代农业重大工程

特色现代农业高质量发展“3212”工程：建设30个重点现代农业产业园、20个重点优势特色产业集群、100个农业产业强镇和2000个“一村一品”专业村。

农产品加工园：推动特色农产品大县创建茶叶、食用菌、果蔬、畜禽、粮油、蛋奶、林竹、花卉苗木等省级以上农产品加工园15个。

农产品产后初加工中心：每年新建改造商品化处理中心、冷藏点200个以上，增加初加工能力4万吨以上。到2025年，初加工能力达到40万吨以上。

农业生产智能化升级行动：综合应用农业物联网、5G、大数据、人工智能、卫星遥感等信息化新技术和新装备，打造一批农业物联网应用基地、现代农业智慧园。

第三节　强化农业科技支撑

构建现代农业产业技术体系，支持建设一批农业工程研究中心、重点实验室和农业技术创新公共服务平台。引导大专院校、科研院所与农业企业开展联合技术攻关，支持科技人员以科技成果入股农业企业。实施农业机械化提升工程，支持适应我省农林生产的小型农机具研发与推广，推进全产业链全程机械化。实施现代种业创新工程，开展种源“卡脖子”技术攻关，推进农作物种子、畜禽品种、水产种苗等联合育种，加强种子库建设。深化新时代科技特派员制度，推动科技特派员与农民结成利益共同体。加强基层农技推广队伍建设，强化新型职业农民培训，发展涉农职业教育。

专栏15：现代农业科技支撑工程

设施农业温室大棚：在蔬菜主产县，支持集中建造以设施蔬菜种植为主的各类温室大棚，到2025年，省定标准的设施农业温室大棚达到20万亩以上。

食用菌提质增效工程：在食用菌优势主产区，打造食用菌产业集群，重点培育10个菌种繁育中心，20个菌包（培养料）集中生产供应中心，100个食用菌设施化智能化生产基地，100个食用菌标准化示范基地。

农产品仓储保鲜冷藏设施：聚焦鲜活农产品主产区、特色农产品优势区，重点在蔬菜、水果、食用菌、茶叶等产业，每年建设一批农产品仓储保鲜冷藏设施。

中国稻种基地：建设高标准制种田、全自动种子精选加工生产线、科研研发中心、科研育种基地、智能化育秧工厂、新品种展示基地等。

种质资源保护利用：新改扩建30个农作物、畜禽、农业微生物等种质资源库（场、区、圃），建设白羽肉鸡种鸡场15个。

特色作物种业繁育基地：建设一批优质茶苗、水果苗木、中药材繁育基地。建设6亿株茄果类嫁接苗基地。选育优质和专用型水稻新品种120个、甜糯玉米品种10个、鲜食豆类品种8个、花生新品种10个、珍稀食用菌品种8～12个。

水产种业创新与产业化工程：发展大黄鱼、鲍鱼、海参以及高值淡水鱼类等水产养殖优势特色品种现代种业体系，推进遗传育种中心、种质资源库以及一批规模化、集约化、标准化水产原良种场建设，研发高产、抗逆优良水产新品种。

第二十二章　实施乡村建设行动

第一节　改善乡村基础设施条件

坚持留白、留绿、留旧、留文、留魂，延续人和自然有机融合的乡村空间关系。统筹县域城镇和村庄规划建设，保护传统村落、民族村寨、历史建筑和传统风貌，推进“百镇千村”试点工程。完善乡村水、电、路、气、通信、广播电视、物流等基础设施。保障农房安全和建设质量。加快补齐饮水安全短板，推进规模化集中供水。深入实施农村“一革命四行动”，实现农村生活垃圾处置体系全覆盖，农村生活污水治理水平明显提高，农村户用厕所改造基本完成，全省农村人居环境质量显著提升。梯次建设“绿盈乡村”。

专栏16：农村人居环境改善工程

改厕质量提升工程：因地制宜改造提升不符合标准规范的卫生厕所，到2025年，实现全省农村无害化卫生厕所基本全覆盖。健全公厕日常管理长效机制，全面落实“一长两员”制度。

农村生活垃圾治理提升工程：有序推进农村生活垃圾“干湿”分类，实现农村生活垃圾源头减量和资源化利用，基本建立有机生活垃圾生态处理机制。

农村生活污水治理工程：坚持因地制宜，加大农村生活污水处理设施建设力度，加强设施运行管理，稳步提升农村生活污水治理率。

农房整治工程：统筹推进“多规合一”实用性村庄规划编制，基本实现全省村庄规划全覆盖。规范农房建设，开展“崇尚集约建房”示范，推进整县、整镇、整村或整片区既有农房整治，保留乡土特色和地域特点。

村容村貌提升工程：持续开展村庄清洁行动，健全“门前三包”等制度，探索设立村庄清洁日、清洁指挥长等，推动村庄清洁行动制度化、常态化、长效化。持续开展安全生态水系建设，完成2000公里建设任务。

第二节　传承发展农村优秀传统文化

支持传统村落保护发展，保护、修缮、活化利用一批古村落、古民居、古建筑，展现乡村特色文化，弘扬延续乡村文脉。有效挖掘保护利用文化旅游资源，弘扬和传承红色文化、乡土文化、农耕文明等，促进“文化＋旅游”“文化＋农业”等有效融合，推动优秀乡村特色文化焕发生机。支持农村地区优秀戏曲曲艺、少数民族文化、民间文化等传承发展。实施乡村经济社会变迁物证征藏工程。加强乡规民约、祖训家规研究和利用。深入推进移风易俗。完善农村公共文化服务。

第二十三章　推动城乡融合发展

第一节　推动城乡要素自由流动和平等交换

建立健全统一有序的城乡要素市场，发挥市场在资源配置中的决定性作用，深化推进各类要素在城乡间双向自由流动，提高城乡要素利用效率和经济社会运行效率。搭建城乡产业协同发展平台，重点优化提升特色小镇、美丽乡村和各类农业园区，创建一批城乡融合发展典型项目。扎实推进国家城乡融合发展试验区建设。

第二节　推动城乡基础设施和基本公共服务一体化

以市县域为整体，统筹设计城乡路网和水、电、污水垃圾处理等设施。推动城市公共交通线路向城市周边延伸，鼓励发展镇村公交。创新农村物流组织运营模式，提高农村物流网络节点综合服务能力。充分考虑技术经济合理性，因地制宜推进城乡供水一体化。推进农村公共基础设施管护体制改革。探索城乡统一的基本公共服务设施配置和建设标准，加强教育、医疗、养老、文化等公共服务机构的专业化建设，推动公共服务向农村延伸、社会事业向农村覆盖。

第二十四章　深化农业农村改革

第一节　巩固完善农村基本经营制度

稳定农村土地承包关系并保持长久不变，稳妥开展第二轮土地承包到期后再延长三十年先行试点。完善农村承包地“三权分置”制度，积极推广土地股份合作、土地托管、土地经营权入股等多种适度规模经营模式。赋予双层经营体制新的内涵，突出抓好家庭农场、农民专业合作社等新型农业经营主体发展，加快培育农业产业化龙头企业，健全新型农业生产社会化服务体系，引导新型农业经营主体与小农户建立多种类型的合作方式，促进小农户与现代农业发展有机衔接，不断提高农业经营效率。

第二节　深化农村土地制度改革

落实新《土地管理法》，推进农村土地征收制度改革，完善征地民主协商程序，推进落实具体用地项目公共利益认定机制、失地农民利益多元保障机制和征地补偿安置争议解决机制。探索实施农村集体经营性建设用地入市制度，逐步建立集体经营性建设用地市场交易规则和增值收益分配机制，推动农村集体经营性建设用地有序入市。实施新一轮农村宅基地制度改革试点。

第三节　深化农村集体产权制度改革

加强农村集体资产资源资金管理，建立农村集体资产年度清查、定期报告工作制度，提升农村集体“三资”监管水平。探索集体资产股份抵押、担保和有偿退出、继承实现路径。完善农村产权制度和要素市场化配置，创新农村集体经济运行机制，推动“资源变资产、资金变股金、农民变股东”改革，探索发展集体经济有效途径，激发集体经济内在活力。巩固提升集体林权制度改革经验，深入推进林业改革。

第四节　构建现代农村社会治理体系

强化农村基层党组织领导作用，坚持自治、法治、德治相结合，夯实农村治理基础，打造善治乡村。积极稳妥推行村党组织书记通过法定程序担任村民委员会主任和集体经济组织、农民合作组织负责人，推行村“两委”班子成员交叉任职。建立健全以财政投入为主、稳定的村级组织运转经费保障制度。深化村民自治实践，加强农村群众性自治组织建设，创新基层管理体制机制，健全农村基层服务体系，实现行政村网上服务站点全覆盖，打造“一门式办理”“一站式服务”的综合服务平台。深入推进经济发达镇行政管理体制改革，推进综合行政执法改革向基层延伸。建立道德激励约束机制，强化道德教化作用，提升乡村德治水平。

第二十五章　实现巩固拓展脱贫攻坚成果同乡村振兴有效衔接

第一节　巩固拓展脱贫攻坚成果

落实5年过渡期要求，保持现有主要帮扶政策、资金支持、帮扶力量总体稳定，推动巩固拓展脱贫攻坚成果同乡村振兴有效衔接。加强农村低收入人口常态化帮扶，接续推进脱贫地区乡村振兴。健全防止返贫监测和帮扶机制，完善提升“一键报贫”平台，加大产业、就业、综合社会保障等帮扶力度。做好易地搬迁后续帮扶工作，实现稳得住、能致富。落实落细低保、医保、养老保险、特困人员救助供养、临时救助等综合社会保障政策。支持老区苏区、少数民族乡村和海岛发展。深化东西部协作和对口支援机制。

第二节　健全正向激励机制

坚持“扶贫同扶志扶智相结合”，弘扬“弱鸟先飞”“滴水穿石”精神，强化产业、就业、科技帮扶。深入推进产业扶贫，扶持特色产业稳步发展。加大职业技能培训力度，支持鼓励新业态就业和灵活就业，有效增加低收入群体转移就业岗位，促进弱劳力、半劳力家庭就地就近就业。推进以工代赈，积极推广以工代赈方式。通过加大政府购买支持力度、搭建电商平台和实行订单生产等方式，拓宽欠发达地区各类产品销售渠道，推进消费扶贫。

第 八 篇

优化提升国土空间布局 推进区域协调发展和新型城镇化

坚持实施区域协调发展战略、主体功能区战略，健全区域协调发展体制机制，实施新型城镇化战略，促进生产空间集约高效、生活空间宜居适度、生态空间山清水秀。

第二十六章　构建国土空间开发保护新格局

第一节　推动形成优势互补的空间格局

以资源环境承载能力和国土空间开发适宜性评价为基础，科学统筹布局生态、农业、城镇等功能空间，强化生态保护红线、永久基本农田、城镇开发边界等空间管控边界以及各类海域保护线等底线约束，优化以“两极两带三轴六湾区”为主架构的空间开发战略格局，以主要河流为廊道、主要山脉和海岸为屏障的生态安全战略格局，以三条特色现代农业产业带为主体、永久基本农田为基础的农产品安全供给战略格局。

第二节 健全国土空间分类管控机制

坚持宜水则水、宜山则山、宜粮则粮、宜农则农、宜工则工、宜商则商，以国土空间规划为依据，对所有国土空间分区分类实施用途管制，以生态保护红线、环境质量底线、资源利用上线、生态环境准入清单强化区域空间生态环境保护。加强空间发展统筹协调，依据国家和全省重大战略和重大生产力布局，优化空间资源配置，支持城市化地区高效聚集经济和人口、保护永久基本农田和生态空间，支持农产品主产区增强农业生产能力，支持生态功能区把发展重点放到保护生态环境、提供生态产品上，支持生态功能区人口逐步有序转移。

专栏 17：国土空间开发保护格局

空间开发战略格局： 两极——福州都市圈、厦漳泉都市圈，两带——沿海城镇发展带、山区绿色发展带，三轴——北部福州宁德至南平、中部泉州莆田至三明、南部厦门漳州至龙岩山海发展轴，六湾区——三都澳、闽江口、湄洲湾、泉州湾、厦门湾、东山湾。

生态安全战略格局： 以“六江两溪”为主的水生态廊道，以武夷山—玳瑁山、鹫峰山—戴云山—博平岭两大山脉为核心的生态功能保护带、近岸海域和海岸带门户屏障。

农产品安全供给战略格局：以沿海蓝色农业产业带、闽东南高优农业产业带、闽西北绿色农业产业带等三条特色现代农业产业带为主体，以基本农田为基础。

第二十七章　做深做实新时代山海协作

第一节　推进创新和产业协同

推进闽东北、闽西南两大协同发展区建设，充分发挥福州、厦门等沿海城市带动作用，推进一批创新性政策、牵引性改革、引领性平台。立足产业特点和资源禀赋，对接产业薄弱环节和重点突破方向，探索跨市县联合招商，构建产业跨区域转移激励机制，支持合作共建产业园区，统筹抓好重大产业协作链群建设。探索创新公共平台建设机制，共建一批山海共建共享的创新创业平台和数字经济合作平台。

第二节　推进公共服务共建共享

推进就业、教育、医疗卫生和文体资源共享，强化政务服务、区域应急、环保治污等方面协同。支持开展集团化办学办医、远程教学医疗，加强教师和医护人员异地交流。实施城市医联体网格化布局，支持山海医疗机构在学术科研、医疗技术、专科管理、人才培养等方面开展交流与协作。深化强校带弱校、“精准”委托管理、学校联盟等教育帮扶长效机制。解决城市学校编制不足问题，推动基本公共服务资源配置与人口分布相协调。

第二十八章　加快海洋强省建设

第一节　拓展海洋发展空间

大力建设“海上福建”，推动现代化港口群、海洋产业集聚区、高端临海产业基地和海洋生态保护区建设，加快壮大现代化湾区经济。支持福州、厦门加快建设国家海洋经济发展示范区，争创国际特色海洋中心城市。加快现代渔业发展，推进“育繁推一体化”，发展智能化、绿色化水产养殖、深远海养殖、工厂化养殖、海上牧场、远洋渔业，推进水产品精深加工、水产冷链物流、渔港及渔港经济区等项目。推进海上养殖综合整治，促进养殖业“蓝色转变”。培育壮大海洋高新产业，发展海洋工程装备、海洋生物科技、海洋可再生能源、海水综合利用、海洋环保、海洋信息服务等产业。建设一批海洋药物与生物制品研发生产基地，打造“蓝色药库”。构筑海洋科技创新高地，支持自然资源部第三海洋研究所、海岛研究中心等科研平台建设，加快海洋科技成果产业化。

第二节　推进智慧海洋建设

加快布局智慧海洋基础设施，打造海洋立体实时观测网，强化海洋感知能力，提升近岸港湾精细化海洋观测能力。建设智慧海洋大数据中心（一期），整合各涉海部门和行业数据资源，推动各类海洋数据互联互通、融合共享。拓展遥感、通信卫星在海洋渔业领域的应用，建设海洋渔船安全应急通信网络，推动“宽带入海”，打造陆海衔接的通信网络。完善海洋综合防灾减灾体系，建设精细化、网格化、智能化海洋预报业务系统，提升海洋灾害预报预警服务、海上突发事件应急处置能力。

第三节　加强海洋生态保护

严守海洋生态保护红线，推进海洋保护区建设，强化陆海污染联防联控，推动“蓝色海湾”整治项目、海岸带生态保护修复工程等重大工程建设，推进沿海岸线自然化和生态保护修复。加强海洋生物多样性保护，加大对红树林、珊瑚礁、海湾、入海河口、海岛等典型生态系统以及产卵场、索饵场、越冬场、洄游通道等重要渔业水域的调查研究和保护力度，维护海洋生态平衡。

专栏18：海洋强省建设重大工程

海洋科技平台：支持提升自然资源部第三海洋研究所、海岛研究中心等国家级海洋科技平台功能。建设海洋虚拟研究院协同创新平台。建设绿色智能船舶及其应用工程技术研发平台、海洋观测与科考实验平台、海洋信息技术创新共享平台、海洋卫星应用研发平台、海洋碳汇研发平台、抗菌肽技术创新平台等。布局重大水生动物疫病综合实验室。

海洋产业园区（基地）：重点建设福州、海沧、石狮、漳州等海洋医药和生物制品研发生产基地，加快推进福州、厦门、漳州、泉州、莆田、宁德等海洋工程装备业基地建设。

海洋渔业升级工程：建设福州（连江）国家远洋渔业基地，打造连江、福清、东山、诏安、霞浦等水产品加工集群。建设一批渔港经济区。

第二十九章　加快老区苏区振兴发展

第一节　发展壮大特色产业

坚持绿色、红色、特色导向，支持和引导产业项目落户老区苏区，推动老区苏区老工业基地转型升级，培育壮大新能源汽车、专用汽车、环保装备、工程机械、有色金属、生物医药等产业，鼓励发展稀土、石墨烯、氟等新材料产业，提高绿色发展水平，推进集群化发展。

加快特色农业发展，打造一批特色农产品优势区。发展提升电商物流业，建设区域性物流配送中心，推动老区苏区特色农产品产销对接。支持全域旅游和红色旅游景区建设，打造经典旅游线路、健康养生基地和金牌旅游村。建设一批飞地园区、生态旅游文化产业园、山海协作共建产业园区，支持创建绿色发展示范区。有效落实中央国家机关及有关单位对口支援原中央苏区县等帮扶举措，支持龙岩、三明等在革命老区高质量发展中作示范，确保老区苏区在现代化进程中一个都不掉队。

第二节　补齐基础设施短板

支持国省干线公路提级改造，持续加快待贯通路段建设，有序推进重要拥堵节点升级改造。重点推进县道“四晋三”、乡道“单改双”工程，有序推进通较大自然村公路建设，巩固提升村村通客车成果。实施农村电网改造升级工程，加快完善农田水利设施，加强大中型灌区节水改造力度。

第三节　提升基本公共服务质量

加大老区苏区教育基础设施建设支持力度，加强义务教育薄弱学校改造，加快发展支撑支柱产业、新兴产业和特色产业发展的职业教育。深入推进县级医院、标准化疾病预防控制机构、妇幼健康服务机构、达标基层医疗卫生机构建设，加快补齐医疗卫生服务短板。实施老区苏区公共卫生和防疫能力建设工程，完善公共卫生应急管理和应急物资储备体系。建立健全覆盖城乡的公共就业服务体系，支持建设公共实训基地。

第四节　加强生态保护和红色文化传承

强化绿色发展源头管控，严格执行绿色产业指导目录，建立产业转移环境监管机制，防止跨区域污染转移。推进林业金融创新。大力弘扬古田会议和古田全军政治工作会议精神，统筹推进长征国家文化公园（福建段）建设，加强革命遗址保护利用，修订完善革命遗址名录和保护档案，推进中央苏区革命历史教育基地、中央红色交通线、毛泽东才溪乡调查旧址等保护建设。

专栏19：老区苏区振兴发展重大工程

革命老区红色文化传承工程：重点推进长征国家文化公园（福建段）建设，加强红色革命遗址、中央红色交通线等建设保护，建设长征干部学院、原中央苏区红色影视拍摄基地、"新时代重走长征路"健身步道体系。提升完善一批革命根据地历史博物馆、纪念馆、党史馆和中小学生红色研学实践基地、爱国主义教育基地。

文化和旅游融合发展工程：重点推进老区苏区旅游景区和康养产业项目，建设名胜名城名镇名村、国家森林康养基地、武夷山国家森林步道，支持泰宁、武夷山建设全国养老服务改革试点县、全国职工疗养试点县，打造国家文化和旅游产业融合发展示范区、全域旅游示范区。

第三十章　提升城镇化发展质量

第一节　促进农业转移人口融入城市

完善以合法稳定住所及合法稳定职业为基本依据的户口迁移政策体系。推动居住证制度扩面提质，实现有意愿的未落户常住人口全部持有居住证。探索实施促进城乡就业创业的落户政策，试行以居住证为依据、在经常居住地登记户口制度，保障进城落户农民土地承包权、宅基地使用权、集体收益分配权，鼓励依法自愿有偿转让。深入实施农业转移人口市民化奖励机制，落实完善城镇建设用地增加规模与吸纳农业转移人口落户数量挂钩政策。按照常住人口规模配置公共资源，完善教育、医疗、养老、文化、体育和社区公共设施，逐步实现农业转移人口与当地户籍人口享受同等基本公共服务。

第二节　优化城镇化空间格局

提升主要城市能级和核心竞争力。持续做大做强福州、厦门、泉州等中心城市，实施强省会战略，提升福州省会城市功能，完善教育、卫生、医疗等配套，更高起点推进滨海新城建设，加快建设现代化国际化福州新区；推进厦门提升本岛、跨岛发展，高标准建设金砖国家新工业革命伙伴关系创新基地，建设现代化国际化城市；优化泉州城市空间布局，推进泉州环湾城市建设，打造具有全国影响力的制造强市。加快漳州、三明、莆田、南平、龙岩和宁德等区域中心城市发展。推进有条件的地方高质量建设城市新区。有序推进条件成熟的县（市）撤县（市）设区。

强化福州都市圈和厦漳泉都市圈引擎带动作用。加快在都市圈内一体化构建公路和轨道交通网，打造轨道上的都市圈。优化产业分工协作，形成统一开放市场，提高公共服务共建共享水平，推动生态网络共建和环境联防联治，打造引领全方位推动高质量发展超越的主要动力源。

优化发展中小城市和小城镇。深入实施“大城关”战略，促进县城人口集聚、产业集中和功能集成，打造中心城区至县城1小时交通圈。推进县城城镇化补短板强弱项工程，强化县城综合服务能力，把乡镇建设成服务农民的区域中心。引导收缩性城市（镇）瘦身强体、精明增长。

第三节　提升城市综合承载能力

统筹城市规划、建设、管理，促进城市更加健康安全宜居。改善城市公用设施，实施老旧小区改造、市政管网建设、智慧设施建设等城市更新重大工程。推动城市生态修复和功能完善，完善绿地系统布局，增加生态休闲空间，提升绿化美化彩化水平。完善绿道网络，建设依山傍水、串联城乡的“万里福道”。提升城市抵御冲击和应急保障能力，加强城市防洪、抗震、人防、消防、排水防涝的设施建设，合理规划应急避难场所、方舱医院等，打造海绵城市、韧性城市。建设智慧城市，大力发展智慧管网、智慧水务等，支持智能停车、智慧门禁、智慧消防、智慧养老等智慧社区应用和平台建设。保护城市历史文化，挖掘底蕴，扩大福州、泉州、漳州、长汀等历史文化名城国内外知名度和影响力。提升建筑业发展质量，发展工程总承包和装配式建筑，培育新时期建筑业产业工人大军。

专栏 20：城市更新重大工程

老旧小区改造工程： 更新改造 2000 年以前老旧小区 50 万户；打造样板项目，实施公共空间“平疫结合”，强化生活服务配套，提升社区治理水平，打造 30 个样板；推进旧屋区更新，加快改造环境差、活力低的棚户区，成片推进使用年限长、标准低、安全风险大的房屋改造。

市政管网建设工程： 提高生活污水收集效能，设市城市污水集中收集率达到 70%以上或提升 10 个百分点，推进城镇污水处理提质增效。

智慧设施建设工程： 推动所有县市建成城市综合管理平台，实现国家、省、市、县四级互联互通；建设 2 万个多功能路灯杆及供配电体系；推进智慧交通体系建设，试点车路协同；加快建设“智慧＋立体”停车场，建设大型“P＋R”换乘停车场，新增公共停车泊位 8 万个。

第九篇

健全现代化基础设施体系 夯实高质量发展支撑

统筹存量和增量、传统和新型基础设施发展，构建系统完备、高效实用、智能绿色、安全可靠的现代化基础设施体系，提高服务发展、服务民生、服务国防建设水平。

第三十一章　加快建设新型基础设施

第一节　构建空天地一体信息网络基础设施

强化信息基础设施统筹规划和统建共享，纵深推进新时代“数字福建·宽带工程”，构建新一代超大容量、智能调度的光传输网，加快推进千兆城市建设，优化偏远农村和海岛地区的网络服务，高水平建设5G网络，加大5G基站站址、用电等支持力度。推进互联网应用

IPv6升级。统筹实施智能化传感节点部署工程，部署千万级社会治理神经元感知节点，建设城市级物联网接入管理与数据汇聚平台。推动人工智能、区块链等公共平台建设。统筹部署云计算大数据中心，合理部署边缘计算中心，推动“云＋边＋端”设施协同有序发展，提升新一代高性能超级计算中心能级。深入实施数字福建“151”卫星应用工程，建设海丝卫星数据服务区域分中心和行业分中心以及省级自然资源卫星应用技术中心，加速发展空天地一体化卫星互联网。

第二节　推进传统基础设施数字化改造

推广多功能智慧杆，拓展智能末端配送设施。建设全省交通大数据中心，开展交通大数据应用，实施新一代全息感知与智能管控智慧道路试点工程，推进“5G＋车联网”建设。建设智慧港口，打造无人集装箱码头示范区，推进机场智能化建设。推进管道数字化改造、智能化应用，建设一体化“互联网＋”充电设施，加快建设电力物联网，开展配电网终端智能化改造。构建新一代广播电视基础网络，统筹推进有线、无线和卫星一体化综合覆盖。

第三节　支持创新基础设施建设

加大支撑科学研究、技术研发、新产品与新服务研制等创新基础设施建设力度。加强超强计算能力建设。以源头创新突破、产业能力提升为导向，支持科研机构、创新平台成立产学研用创新联盟、科研生产联合体，构建紧密合作的创新网络，打造创新资源更集聚、协同创新更高效、服务体系更完备的创新基础设施体系。

专栏21：新型基础设施重大工程

信息基础设施：“5G＋宽带”双千兆网络、智能化传感节点部署工程、工业互联网标识解析二级节点、国家一体化大数据中心国家枢纽东南节点、福建省区块链主干网、数字福建区块链应用公共平台、数字福建人工智能公共平台、福建智能视觉AI开放平台、厦门鲲鹏超算中心、泉州先进计算中心、龙岩土楼云谷数据中心、数字福建“151”卫星应用工程、海上丝绸之路时间中心等。

融合基础设施：城市大脑、全省交通大数据中心、东南能源大数据中心、城市综合管理服务平台、智能网联汽车云控平台、机场智慧化提升工程、“一站式”“一网通”港口信息服务平台、油气管道综合管理平台、电网终端智能化改造工程、智慧广电云平台等。

创新基础设施：建设省信息技术应用创新适配检测中心、集成电路晶圆测试公共服务平台、物联网产品测试验证平台等，布局支撑新型通信设备验证的区域性实验场地和面向高超声速飞机发动机、车联网、无人机等新技术新装备的专用试验场地。

第三十二章　打造现代化立体综合交通体系

第一节　建设高效轨道网

推进福厦高铁、漳汕高铁、温福高铁、昌福厦高铁建设，加快形成沿海、京台两大铁路主通道，畅通出闽大通道。统筹规划和建设龙龙铁路武平至梅州段、温武吉铁路，开展福州至龙岩等省会通设区市高铁项目、南平至衢州高铁项目前期研究，填补区域路网空白，增强路网机动灵活性。完善福州、厦门城市轨道交通网络，规划建设泉州城市轨道交通项目；加快都市圈城际铁路建设，全面提升轨道交通公交化水平。打造各设区市间2小时通达、都市圈1小时通勤、设区市至所辖县1小时基本覆盖的交通圈，促进多层次轨道交通网融合发展。

第二节　提升民航发展水平

加快福州、厦门“海丝核心区”门户枢纽机场建设，推进武夷山机场迁建工程开工建设，力争龙岩新机场开工建设，加快泉州新机场前期工作，着力构建相互协调、干支结合的机场群布局。稳步推进空域精细化改革，提升空域容量和保障能力。加强机场集疏运体系建设，打造福州、厦门国家级航空枢纽。支持厦门航空、福州航空做大做强。推动通用航空发展，加强通用航空在应急救援、公共服务、低空旅游、航空护林、引航作业等方面的应用。依托福州机场二期扩建和厦门新机场建设，全面提升航空服务水平和覆盖面，更好满足群众出行需要。到2025年，全省民航旅客吞吐量达6000万人次。

第三节　扩大港航服务网络

推进全省港口资源优化整合，做大做强省港口集团，构建一企主体、多元发展的新格局。推进重点港区整体连片开发，加快福州国际深水大港和厦门东南国际航运中心建设，壮大以福州港、厦门港两个主枢纽港为核心的东南沿海港口群，增强福州江阴港区、厦门海沧港区整车进口能力，力争将福州港罗源湾可门港区、湄洲湾港罗屿港区打造成为东南沿海能源矿产进口的重要口岸和大宗散货接卸中转基地。加快推动闽江航运恢复发展。加强港口配套公共基础设施，进一步完善重点港区深水航道、防波堤、公共锚地建设。加快福州港漳湾港区和江阴港区、厦门港古雷港区、湄洲湾港肖厝港区和斗尾港区等临港产业配套建设，推动港区与产业、城市联动发展，畅通海铁联运、水水中转，着力打通沿海港口后方货运铁路通道，构建陆海内外联动、东西双向互济的国际贸易物流新通道。到2025年，力争全省沿海港口货物吞吐量达6.8亿吨、沿海重点港区铁路进港率达70%。

第四节　完善公路网布局

实施高速公路“三扩二提一融”工程，畅通高速公路主通道，完善高速公路出入口布局，到2025年，力争通车里程达6300公里。开展新一轮普通国省干线建设，实施普通干线公路提升补短板工程，推进普通国省道连段成线，持续提高高等级公路比例，普通国省道二级及以上公路比例达80％。实施乡镇便捷通高速工程，85％以上陆域乡镇30分钟上高速。扎实推进“四好农村路”高质量发展，深化农村公路管理养护体制改革，完善安全防护设施，保障农村地区出行需求，建成农村公路5000公里。

第五节　构建智慧综合枢纽

强化各类交通运输方式有效衔接，提升多层次交通运输方式的换乘效率和服务水平，加快建成一批布局合理、紧密衔接、便捷换乘的综合客运枢纽和信息互联、运作协同、高效管理的多式联运综合货运枢纽。适度超前打造一批国际领先国内一流的综合交通枢纽，推动客运“零换乘”、货运“无缝衔接”，建设国家级综合交通枢纽示范城市。实施一批机场、铁路、高速公路、港口、客货场站智慧建设（改造）示范工程。

专栏22：交通领域重大工程

多层次轨道交通网建设工程：建设沿海高铁大通道（福厦高铁、漳汕高铁、温福高铁）、昌福厦高铁，省际铁路（龙岩至龙川铁路龙岩至梅州段、温州至武夷山至吉安铁路）；推进高铁进机场，加快建设福莆宁城际铁路F1、F2、F3线、厦漳泉城际铁路R1线、武夷山旅游观光轨道二期工程；续建福州、厦门第二轮轨道交通建设规划项目及其规划修编项目，启动建设福州、厦门第三轮轨道交通建设规划项目，推动泉州轨道交通第一期建设规划研究。

枢纽机场建设工程：推进福州长乐机场二期扩建工程、厦门新机场、武夷山机场迁建工程建设，开展龙岩新机场、泉州新机场等项目前期工作，力争开工建设龙岩新机场。

港铁联运工程：开展福州港后方铁路通道，福州江阴港、湄洲湾港后方铁路货运通道（接兴泉铁路），厦门港后方铁路通道（接兴泉铁路），宁德漳湾港后方铁路等前期工作，力争开工建设。

枢纽港建设工程：续建福州港三都澳港区漳湾作业区18—21号泊位工程、江阴港区6—7号泊位工程，厦门港漳州液化天然气（LNG）项目码头工程，福州港三都澳港区深水航道二期工程—漳湾航道工程、湄洲湾航道四期工程南岸航道工程。新建罗源湾港区可门作业区6—7＃泊位工程（7＃30万吨级散货泊位）、江阴港区13A、13B、13C号泊位工程，湄洲湾港东吴港区罗屿作业区9＃泊位改扩建工程（40万吨级散货泊位）、哈纳斯莆田液化天然气（LNG）项目码头工程，厦门港翔安港区5号集装箱泊位工程、古雷港区古雷作业区南2号扩能工程，罗源湾深水航道二期工程、江阴港区进港航道三期工程、湄洲湾航道四期工程北岸航道工程。支持罗源湾港区可门作业区部分有条件的深水泊位争取列入国家40万吨级散货泊位布局。

高速公路工程：推进高速公路沿海扩容、山区扩面、路网扩能、提升道路服务水平、提升科技创新能力、新型基础设施建设融合发展“三扩二提一融”工程。续建国高网宁上高速公路宁德霞浦至福安段、泉南线永春互通至汤城枢纽扩容工程和省高网厦蓉高速公路龙岩东联络线（龙岩高速公路东环线）等项目；新建国高网沈海高速公路扩容工程（宁德段、福州至泉州段、漳州段）、福银并行线宁德至古田高速公路、福银联络线沙县至南平高速公路、福银高速闽侯至长乐机场段、沈海联络线泉梅高速公路泉州至永春段和省高网上饶至浦城高速公路福建段、福州滨海新城高速公路、莆炎高速公路埭头至湄洲港段等项目。

综合交通枢纽工程：福州长乐机场综合交通枢纽、厦门新机场综合交通枢纽、福州火车南站综合交通枢纽、厦门火车北站综合交通枢纽、泉州火车东站综合交通枢纽、漳州火车站综合交通枢纽。

第三十三章　构建清洁低碳安全高效能源体系

第一节　优化能源布局

着力构建煤、油、气、核、新能源和可再生能源多轮驱动、协调发展的能源供应体系。重点推进漳州核电、霞浦核电、神华罗源湾电厂等大型电源项目建设，建成华电可门电厂三期、漳州核电1、2号机组、霞浦核电示范快堆1号机组，到2025年，力争全省电力总装机达8000万千瓦以上。打造绿色、智慧、安全的现代化电网，进一步完善省内主干输电网架结构，建成北电南送新增输电通道以及宁德棠园、泉州洋荷等一批500千伏输变电工程。推动源网荷储一体化，提升能源利用效率和发展质量。进一步拓展省外联网，建成闽粤联网工程，在更大区域范围内提高资源优化配置能力。加强天然气基础设施建设，推进LNG接收站及外输管线和西三线支干线、海西二期管网和互联互通工程等天然气管道建设，尽快实现设区市全部通管道天然气，形成多气源一张网、市场化的天然气发展新格局。

第二节　完善能源结构

完善能源产供储销体系，构建更加清洁低碳的能源供应结构，因地制宜发展可再生能源，发展核电、海上风电等清洁能源，推进煤电清洁高效利用，推动非化石能源消费占比提升。加快海上风电装备产业升级。推进“光伏＋”、微电网、风光储一体化、智慧能源等新能源应用新模式新业态发展。以交通、工业、农业、建筑、餐饮、旅游等领域为重点，构建层次更高、范围更广的新型电力消费市场，继续稳步推进电能替代。

第三节　大力降低能耗

严格落实能耗“双控”目标责任，压实各地政府和重点用能单位主体责任，组织开展能耗“双控”目标责任考核，强化考核结果应用。调整优化产业结构，促进制造业高端化、智能化、绿色化发展。严格淘汰能耗不达标的落后产能，全面推行重点行业能效对标。充分挖掘节能潜力，围绕重点行业、企业，加大节能诊断与节能改造力度，强化节能执法检查。加大节能法规标准等落实情况监察力度，严格执行差别电价政策。加强节能审查与地市能耗双控目标任务的衔接，严格高耗能行业新增产能、化石能源消费量大等相关项目的节能审查。必要时对能耗强度下降目标形势严峻、用能空间不足地区的高耗能项目实行缓批限批。

第四节　加快新能源产业创新示范区建设

以沿海一带为新能源产业创新走廊，以莆田、泉州异质结电池及装备生产基地为产业核心，以宁德、漳州储能产业基地、兴化湾—平海湾海上风电产业园为两翼，打造“一核引领、两翼齐飞、一廊主轴、多点布局”新能源产业发展格局。培育3～5家具备国际先进水平的新能源设备企业，形成2个以上产值超千亿的新能源产业集群，将福建建设成为全国乃至世界级的新能源产业技术、标准、成果、装备的输出高地。

专栏23：能源发展重大工程

电网：北电南送新增输电通道，闽粤联网工程，永安、石狮、汀州等500千伏输变电工程。

水电：周宁、永泰、厦门、云霄抽水蓄能电站。

火电：神华罗源湾电厂、华电可门电厂三期、泉惠热电联产工程等项目。

核电：重点推进福清核电6号机组、霞浦核电1、2号机组和漳州核电1、2号机组建设，推进宁德核电5、6号机组项目核准、开工建设，积极推进漳州核电3—6号机组和华能霞浦核电项目前期工作。

天然气：漳州LNG接收站、哈纳斯莆田LNG接收站、中石油福建LNG接收站、海西二期管网、省际联络线等。

风电：长乐外海、平海湾、漳浦六鳌等海上风电项目，深远海海上风电基地示范工程。

储能：宁德储能电站等。

氢能：福清、长乐等氢能产业基地。

第三十四章　保障水安全和提升防灾减灾能力

第一节　提升水资源保障能力

加快推进闽江口城市群、闽西南、闽东等重点水资源配置工程，兴建一批大中型水库，做好水库除险加固，增强山区、沿海区域水源调配能力，提高洪水优化调度水平，保障重要河湖生态流量。加强城市应急备用水源建设。创新建设和管理模式，实施农村供水巩固提升工程，推进城乡供水融合发展，逐步实现城乡供水“同水质、同服务”。

专栏24：水资源重大工程

大中型水库： 白濑、上白石、浙溪、龙湘等大型水库，永春马跳、顺昌张源、漳浦朝阳、福鼎溪头、武平百把寨、福安溪尾、华安罗溪等中型水库。

引调水工程： 闽江口城市群水资源配置提质增效、闽西南水资源配置、闽东水资源配置工程、龙岩万安溪引水、福安穆阳溪引水一期工程、泉州七库连通工程、金门供水水源保障工程等。

第二节　增强防灾减灾能力

开展自然灾害综合风险普查，深化“互联网＋”、大数据等技术应用，整合水利、气象、海洋、地质灾害等信息资源，完善监测及预警预报信息网络，推动智慧防灾减灾救灾。实施“五江一溪”防洪工程、沿海防潮工程，推进气象预警、台风、水旱灾害防御、防震减灾、山洪与地质灾害防治、渔港等防灾减灾工程建设，提升防御工程标准。实施县级城区防洪治涝（高水高排）工程。推进农村火灾防控体系建设，实施森林火灾防灭火工程，开展航空护林。强化人工影响天气能力建设，提升作业水平。开展防灾减灾知识宣传教育，提高民众防灾减灾意识和应对能力。

第三节　健全救灾体系

提升综合抢险救灾能力，整合优化省级专业应急救援中心，统筹自然灾害、消防、安全生产事故救援等专业力量，健全快速调动机制，增强森林火灾、洪涝灾害、地震灾害等应急处置能力，提高危险化学品、矿山、金属冶炼等重点行业领域专业应急救援能力。实施基层应急能力提升示范点和基层防灾减灾示范工程，推进综合性基层应急队伍建设，完善防灾减灾工作预案，确保预警到乡、预案到村、责任到人，提高农村抵御防范各类灾害能力。完善社会力量参与防灾减灾政策，建立社会力量参与防灾减灾救灾工作平台。

专栏 25：防灾减灾工程

防灾减灾重大工程：“五江一溪”防洪工程、闽东苏区（宁德市）防洪防潮工程、海堤除险加固、中心和一级渔港、应急通信卫星综合应用系统工程、数字水利、智慧海洋和智慧气象保障工程。

防灾减灾能力提升工程：自然灾害综合风险普查工程、应急物资保障综合库建设工程、安全生产基层监管能力建设工程、安全生产应急管理与技术人才培养基地建设工程、基层应急能力提升示范点建设工程、基层防灾减灾示范工程、防震减灾服务能力提升工程、防灾减灾宣传教育与科普工程。

第 十 篇

持续实施生态省战略
创建美丽中国福建典范

贯彻落实习近平生态文明思想，坚持绿水青山就是金山银山理念，深入实施可持续发展战略，做好经济社会发展和生态保护相协调相促进的文章，构建生态文明体系，建设美丽中国示范省份。

第三十五章　深化国家生态文明试验区建设

第一节　推动生态文明制度系统集成

巩固拓展国家生态文明试验区建设成果，鼓励基层探索更多原创性、差异化改革，持续加强改革成果的复制推广，推动改革成果制度化。强化改革系统集成，推动试验区关联性较强的改革工作相互衔接、协调推进。深化自然资源资产管理，加快构建自然资源资产产权制度，推进自然资源统一确权登记，研究建立自然资源资产调查、评价和核算制度，开展全民所有自然资源资产所有权委托代理机制试点。编制省级自然资源资产平衡表，完善市县级自然资源资产平衡表制度。落实生态环境保护党政领导目标责任制，强化环境保护、自然资源管控、节能减排等约束性指标管理，严格落实“党政同责”“一岗双责”和企业主体责任。实行生态环境损害赔偿和责任终身追究。深化落实生态环境保护督察制度，完善领导干部自然资源资产离任审计制度。

第二节　健全生态产品价值实现机制

持续推动生态产品市场化改革，根据不同资源禀赋培育发展生态资源运营平台，构建特色化发展模式和收益分配机制。健全充分反映资源稀缺程度、体现环境损害成本的用水、用电、用气价格和污水、垃圾处理收费机制。加快完善自然资源价格形成机制。推进排污权、用能权、碳排放权、水权等资源环境权益交易市场建设。健全完善市场化、多元化生态保护补偿机制，推进汀江—韩江流域上下游横向生态补偿常态化、长效化，对全流域、森林、湿地、耕地、海洋等自然生态系统予以保护补偿，加大对重点生态功能区、生态保护红线区域等生态功能重要地区的转移支付力度，继续完善综合性生态保护补偿机制。

第三节　健全生态司法保护机制

加强生态环境行政执法与刑事司法协作联动，推动行政执法平台与司法平台数据共享。依法加大对环境污染和生态破坏行为联合惩治力度，推动自然和文化原生态司法一体保护。依法严惩破坏野生动物资源犯罪。建立健全跨区域、跨流域司法协作机制，推进环境资源案件跨区划管辖制度改革，总结推广共建共治的“生态司法＋”工作机制。加强生态环境公益诉讼工作力度，探索建立生态环境损害赔偿制度与环境公益诉讼有效衔接机制。

第三十六章　促进绿色低碳循环发展

第一节　全力推进绿色生产

组织实施绿色产业指导目录，推进市场导向的绿色技术创新，建设一批绿色产业示范基地，加快产业园区绿色化、节能低碳化改造，创建绿色发展示范区。推进绿色制造体系建设，全面推行清洁生产，推动绿色制造服务专业化，促进全产业链和产品全生命周期绿色发展。大力发展生态农业，建设农业绿色发展先行区，提升畜禽养殖废弃物资源化利用水平，降低化肥、农药使用量，加强农村面源污染治理。发展修复性水产养殖业，有序发展滩涂、浅海贝藻类养殖和内陆大水面生态养殖。发展节能环保产业，做强专业化骨干企业。完善绿色金融支持保障机制，健全绿色信贷风险补偿机制，鼓励社会资本设立绿色发展产业基金、参与绿色项目建设，推进省级绿色金融改革试验区建设。

第二节　推进资源节约集约循环利用

树立循环发展、永续发展理念，强化能源消耗强度控制，加快节能产品和技术推广应用，提升重点行业和重点产品能效水平。强化用水强度控制，推行合同节水管理、水效“领跑者”等机制，完善计划用水和定额管理制度，科学制定用水定额并动态调整，加快推进节水型社会建设。深入推进农业水价综合改革，配套建设计量设施，健全农业节水激励机制。坚持最严格的节约用地制度，强化建设用地总量和强度双控，盘活存量土地，推进低效用地再开发。健全海洋资源保护开发制度，严管违法违规用海行为。构建废旧资源回收和循环利用体系，提高建筑垃圾资源化利用水平，推进资源综合利用基地建设，推进“城市矿山”开发利用，持续开展循环经济示范试点单位创建。

第三节　加快推进碳达峰

全面加强应对气候变化工作，编制实施二氧化碳排放达峰行动方案，加快能源结构和产业结构调整优化，构建安全、高效的低碳能源体系，建设绿色低碳的建筑体系、交通网络和工业体系，鼓励有条件的地区和行业率先达峰。积极参与全国碳排放权交易市场建设，健全碳排放权交易机制，发挥市场资源配置作用，积极推进碳金融创新。开展碳中和研究。深化低碳城市试点和低碳园区示范，促进城乡低碳化发展。

第四节　践行绿色生活方式

倡导简约适度、绿色低碳、文明健康的生活理念和生活方式，广泛开展节约型机关、绿色家庭、绿色学校、绿色社区、绿色出行、绿色商场、绿色建筑等绿色生活创建行动。加快推进城市生活垃圾分类，扩大分类覆盖面。推进生活垃圾焚烧处理设施建设，基本建立农村有机生活垃圾生态处理机制，基本实现原生生活垃圾“零填埋”。建立健全塑料制品长效管理机制，有效治理“白色污染”。深入推进低碳交通发展，实行公共交通优先，大力发展共享交通，加大新能源汽车推广应用。积极倡导绿色消费，推行绿色产品政府采购制度。

专栏 26：绿色生产生活重大行动

绿色制造工程：以减量化、再利用、资源化为重点，组织实施一批节能技术改造和循环经济项目，推广合同能源管理服务，加大重点节能技术、设备和产品应用；引导创建绿色园区，鼓励企业创建绿色工厂、绿色供应链，开发绿色设计产品，逐步实现产品全生命周期的绿色管理。

畜禽粪污资源化利用工程：组织 50 个县（市、区）实施畜禽粪污资源化利用提升工程，改造升级粪污收储运、处理利用、臭气处理及信息化监管设施设备。到 2025 年，全省畜禽粪污综合利用率达 93％以上。

绿色建筑：稳步提高建筑节能低碳水平，加快发展新型建筑工业化，促进绿色建材推广应用。推动机制砂石产业有序发展。

绿色出行：建设绿色交通基础设施，完善综合运输服务网络，加快充电、加氢基础设施建设，加大新能源车辆推广应用力度，实施旅客联网联运。

绿色社区：推动社区水、电、气、路等配套基础设施绿色化，提升信息化、智能化水平，采用节能照明、节水器具，通过拆墙透绿、拆违建绿等打造宜居环境，培育社区绿色文化。

节约型机关：对高能耗的老旧电梯、空调系统、照明系统等进行节能改造，鼓励机关事业单位建设绿色数据中心，推行绿色办公。

塑料污染治理：分阶段、分地区、分领域有序禁止、限制不可降解塑料袋、一次性塑料餐具、快递塑料包装等塑料制品的生产、销售和使用；推广应用替代品和模式，提高废塑料的回收利用水平，规范塑料废弃物分类回收、资源化利用和无害化处理，统筹开展农膜等重点领域、重点区域塑料垃圾的专项清理。

第三十七章　提升高颜值生态环境

第一节　加强生态系统保护和修复

建立完善以国家公园为主体的自然保护地体系，深入推进武夷山国家公园建设和管理机制创新。创新推广筼筜湖、木兰溪治理和长汀水土流失治理经验，深化落实河湖长制，推进闽江、九龙江等流域山水林田湖草生态保护和修复，系统推进主要流域大保护和可持续发展。推行林长制，持续开展重点生态区位森林赎买，实施森林质量精准提升工程和百城千村、百园千道、百区千带“三个百千”绿化美化行动，加强古树名木保护。推进林业精细化管理，科学化育林，调整优化林种树种结构，加强天然林与生态公益林保护修复、沿海防护林体系建设、松树与桉树改造提升。实施重要湿地生态系统保护与修复工程。加强生物多样性保护，强化外来物种防控。全面推进绿色矿山建设，打造绿色矿业发展示范区。加强海洋生态保护，持续开展水生生物增殖放流行动，养护渔业资源。

专栏 27：生态系统保护修复工程

自然保护地工程：提升武夷山国家公园建设水平，强化武夷山国家公园自然生态系统原真性、完整性保护，加强自然公园、自然生态系统、自然遗迹、自然景观保护，推进生态保护和修复工程、保护管理能力提升工程。

闽江流域生态环境综合治理：以闽江干流、主要支流和重点湖库为突破口，统筹推进闽江流域安全保障、污染防控、生态修复、保护开发等工作，实施城乡饮水安全、水产养殖整治、生活污水整治、农业面源污染整治和小流域生态治理五大攻坚战。

九龙江流域山水林田湖草生态保护修复：对九龙江流域生态环境进行整体保护和修复。支持龙岩市小溪河流域、小吉溪流域、永福片区和漳州市温水溪流域、林墩溪流域、花山溪流域、龙文区九龙江北溪流域等先行开展项目试点。

木兰溪生态保护修复：全面整治入河排污口，系统治理南北洋水系，开展河口岸线整治，提升木兰溪流域水质。实施生态廊道、流域智慧管理工程。

第二节　持续改善环境质量

增强全社会生态环保意识，深入打好污染防治攻坚战，突出精准治污、科学治污、依法治污，建立地上地下、陆海统筹的生态环境治理制度。深入实施“蓝天工程”“碧水工程”“碧海工程”“净土工程”，解决好群众身边突出生态环境问题。优化危险废物处置能力和结构，补齐医疗废物处理短板，推进集中处置设施建设。重视新污染物治理。有效落实环境治理主体责任，依法实行排污许可管理制度，科学调整污染排放标准，推广环境污染第三方治理，公开环境治理信息。健全生态环境监测和评价制度，加强生态云平台建设。推进生态环境保护综合行政执法改革。

专栏28：环境治理四大工程

蓝天工程：优化产业、能源、运输、用地结构，深化工业源、城市面源和移动源污染综合治理，强化细颗粒物和臭氧的协同控制，推进区域大气污染联合防治和污染天气应对。

碧水工程：实行全省水系治理“一张图”。加强水资源保护、水污染防治、水环境治理和水生态修复，加强流域和近岸海域环境综合治理，推进工业园区污水处理设施全部达标排放、生活污水处理设施覆盖全部建制镇。推进畜禽养殖“以地定养”，水产养殖“以水定产”。

碧海工程：加强海上环卫工作，“一湾一策”提升海湾水质，推进入海排污口规范化整治，强化近岸海域综合治理、海岛环境治理、海漂垃圾治理，创新海洋环境治理与生态保护模式。

净土工程：加强农用地分类管理和建设用地准入管理，治理修复威胁农产品安全和人居环境健康的突出问题地块，建立土壤污染源头预防和风险管控体系。

第十一篇

全面提升对外开放水平
加快建设开放强省

坚持更大范围、更宽领域、更深层次的对外开放，坚持以开放促改革、促发展、促创新，以21世纪海上丝绸之路核心区建设为牵引，塑造国际合作和竞争新优势。

第三十八章　高质量建设“海丝”核心区

第一节　突出国际合作重点

秉持共商共建共享理念，积极拓展境内外合作伙伴，聚焦西线合作走廊，兼顾南线、北线合作走廊，持续深化与区域全面经济伙伴关系协定（RCEP）成员国在基础设施联通、科技创新和经贸产业合作以及能源、海洋、数字经济、生态环保、卫生健康、人文等领域合作交流，把握中欧投资协定带来的机遇，推进政策、规则、标准三位一体“软连通”，积极拓展与欧洲、南亚、西亚、中亚、非洲、拉美等地区合作。启动“丝路伙伴计划”，积极发展“一带一路”沿线重点国家伙伴关系。

第二节　提升互联互通水平

积极参与“陆海空天能网”基础设施建设，加快构建以福州、厦门、泉州等港口城市为支点、衔接“一带一路”的安全高效便捷通道网络。大力推进“丝路海运”建设，打造覆盖日韩、东南亚等周边地区，通达非洲、欧洲、美洲的便捷海上通道网络。推进“丝路飞翔”建设，完善航空枢纽快速换乘体系，争取加密国际国内空中航线，提高机场承载能力和中转服务功能，强化与“一带一路”共建国家的海空联系。整合陆海运力资源，深化与中西部物流节点城市合作，打造覆盖全省、服务全国、面向世界的海铁联运基础设施体系，开辟大宗物资铁路运输和海铁联运通道。深化信息基础设施互联互通，构建便捷的“数字丝路”信息传输、交换互认体系。积极参与中国—东盟智慧城市建设合作。

第三节　加强经贸产业合作

积极推进“丝路贸易”，提升21世纪海上丝绸之路博览会等经贸合作平台的功能作用，扩大国家级平台品牌影响力，办好“百展万企”“福建品牌海丝行”“中国福建周”等活动，扩大与“一带一路”共建国家的双向贸易，加快发展“丝路电商”。提升“丝路投资”影响力，办好中国国际投资贸易洽谈会。推进贸易投资融合，加强传统产业、基础设施、新能源、现代农业、工程承包等优势领域的对外合作，深化国际产能合作，统筹推进中国—印尼等“两国双园”、境外经贸合作区建设。鼓励闽商闽企通过绿地投资、境外并购、联合投资、品牌创建等方式“走出去”，引导企业抱团发展，鼓励开展第三方市场合作。健全促进对外投资政策和服务体系，推进境外投资安全保障体系建设，增强企业竞争力和风险防控能力。培育“生态海丝”品牌，积极融入绿色丝绸之路建设。

第四节　深化人文交流

持续推进“人文海丝”“海丝茶道”重点工程建设，提升海上丝绸之路福州国际旅游节、丝绸之路（福州）国际电影节、海上丝绸之路泉州国际艺术节、海上丝绸之路国际舞蹈艺术交流周、厦门南洋文化节、莆田世界妈祖文化论坛等平台影响力。加强“福州：西方国家领事馆建筑群”“鼓浪屿：国际历史社区”“泉州：宋元中国的世界海洋商贸中心”等“海丝”文化遗产保护传承。推动更多“海丝”题材文化艺术精品“走出去”，建好福建文化海外驿站、福建文化和旅游海外合作推广中心。加强海外华文教育，组建“丝路华教”联盟，推动设立丝路华教基金。发挥丝路华文媒体协作网作用，打造“视听福建”海外播映品牌，支持境外传播平台建设，讲好中国故事、福建故事，促进多元文化交流交融。

第三十九章　构建更高水平开放型经济新体制

第一节　提升拓展自贸试验区

深化以投资自由、贸易自由、资金自由、运输自由、人员来往自由、数据安全有序流动等为重点的投资贸易自由化便利化改革，加强与“一带一路”重要节点上自由贸易试验区协同合作，加快建立同国际高水平投资贸易规则相衔接的制度体系。推进制度创新系统集成载体和平台建设，开展首创性和差别化探索，推广运用多式联运“一单制”等创新举措。建立更加便利的商事制度，加大力度吸引金融、基础设施、汽车、教育等新开放领域外资企业和项目入驻，适时推动扩区建设。发展两岸影视基地、集成电路研发设计、离岸贸易、原油非国营贸易等新平台新业态新模式。

第二节　培育外贸发展新优势

实施外贸品牌战略，推进外贸转型升级基地建设。

推动外贸市场多元拓展，积极开拓亚洲、非洲、拉美等地区市场，逐步提高自由贸易伙伴、新兴市场和发展中国家贸易比重。推进石狮、晋江市场采购贸易方式试点工作，扩大市场采购贸易规模，完善国际营销网络，打造国际营销服务公共平台，推进跨境电子商务综合试验区建设。加快建设国家进口贸易促进创新示范区，借助进博会等平台，扩大先进技术、核心装备、关键零部件、重要原材料、高质量产品和生产性服务进口。创新发展服务贸易，大力发展数字贸易，鼓励发展国际贸易新业态。完善外贸融资风险共担机制，扩大国家出口信用保险覆盖面。提升通关便利化水平，优化升级中国（福建）国际贸易单一窗口，建设智慧口岸，推进关、港、贸、税、金一体化运作，加强境内外跨区域口岸通关合作。

专栏29：服务贸易创新发展工程

服务贸易新业态新模式培育计划：推动制造业服务外包，完善促进服务外包企业和制造企业业务融合、产业发展的协作平台。推动服务出口数字化转型，促进数字贸易与其他产业融合发展，推进远程医疗、在线教育、共享平台、协同办公、跨境电商等服务广泛应用。打造数字服务贸易支撑平台。

服务贸易产业功能区域建设计划：推动福州、厦门、平潭3个国家级服务外包示范城市完善促进机制，培育建设一批主导产业突出、创新能力强的服务外包产业聚集区，打造我省发展数字贸易的重要载体和数字服务出口的集聚区。

第三节　推进利用外资提质增效

全面实施外商投资准入前国民待遇加负面清单管理制度。鼓励境外拥有先进技术和知名品牌的企业，通过并购、增资等方式，参与我省传统优势产业重组，推动产业创新升级。扩大服务业对外开放，推动一批总部经济、金融、文化、养老、物联网、人工智能等现代服务业项目落地。健全外商投资企业投诉办理等机制，保护外商合法权益。优化提升各类开发区平台，支持开展国际园区合作。

第四十章　加快省会城市和福州新区高水平开放开发

第一节　加快建设现代化国际城市

持续深入实施“3820”战略工程，推进建设福州滨海新城、福州大学城、东南汽车城、丝路海港城、国际航空城、现代物流城等，加快建设现代化国际城市，凸显开放门户功能。建设现代化国际空港，以航空运输带动高端冷链产业、跨境电商物流产业、航空快运业等发展。推动扩大海关特殊监管区范围，优化整合福州出口加工区，深化自贸片区建设，建设国家级邮轮旅游发展实验区。加快建设“数字应用第一城”。深入实施“海上福州”战略，加快建设“海丝”战略支点城市，建设福州国际深水大港，做大做强远洋渔业、海洋运输、滨海旅游等特色优势产业，加快发展海洋高新、海工装备、海洋新能源、海洋生物医药、海洋金融等高端产业。

第二节　深化福州新区新城全域开放开发

按照“世界眼光、国际标准、中国特色、高点定位”要求，高标准建设滨海新城，打造绿色低碳、信息智能、宜居宜业、人与自然和谐共生的新区新城。加快推进新城公共服务设施、基础设施建设，进一步疏解老城，吸引产业、人口向滨海新城集聚，促进城市均衡协调良性发展。高起点推进三江口、闽江口、福清湾等城市组团建设，加快琅岐开放开发，做强元洪国际食品产业园和江阴工业集中区，推进福州新区加快建设两岸交流合作重要承载区、改革创新示范区、生态文明先行区、扩大对外开放重要门户、东南沿海重要现代产业基地。

第三节　实施强省会战略增强辐射能级

实施强省会战略，鼓励福州创建国家中心城市，以中心城市引领都市圈发展，实现空间、人口、经济规模倍增式跨越，增强辐射带动作用，打造区域发展引擎。立足省会城市功能定位，深化和完善多层次的分工协作体系，增强要素聚集、高端服务和科技创新能力，高水平建设福州都市圈，加强设施互联互通，打造一小时通勤圈，推动生产要素自由流动，形成以中心城区为核心逐步向外扩散的卫星或组团城市发展模式。

第四十一章　提升厦门经济特区建设开放水平

第一节　推进高素质高颜值现代化国际化城市建设

加快建设国际航运中心、国际贸易中心、国际旅游会展中心、区域创新中心、区域金融中心和金砖国家新工业革命伙伴关系创新基地，构建国际知名的航运物流、会展服务品牌，引进各类金融机构，创新发展金融科技、科创金融、供应链金融等，探索产融协同发展，进一步增强要素聚集力和经济辐射力。

第二节　构建经济特区全面开放新格局

推进“海丝”战略支点城市和自贸片区建设，提升贸易、投资发展水平，持续打造国际一流营商环境。培育新型外贸综合型企业，推动高端生产设备、船舶装备、医疗设备等进口，加大高技术、高附加值产品出口。坚持“引进来”和“走出去”并重，积极引进跨国公司总部、金融机构总部和区域总部。金砖国家新工业革命伙伴关系创新基地建设展现新作为，与金砖及“金砖+”国家在数字化、工业化、创新、包容增长、投资等方面，深化政策协调、人才培养、项目开发等合作。

第三节　推进城市均衡协调发展

深入推进“提升本岛、跨岛发展”战略，推动岛内城市更新，疏解部分公共服务资源，提高环境品质和城市功能；高起点、高标准、高层次、高水平组团式推动岛外新城建设，加快基础设施、产业布局、公共服务跨岛覆盖和有序转移。推进厦门城市精细化智能化管理服务，完善厦门特色社区治理体系和治理模式，提升市域社会治理能力和水平。

第四十二章　深化闽港澳侨合作

第一节　推进闽港澳交流合作

深化闽港澳经贸、金融、旅游、文化、体育、教育、科技、人才等领域合作。鼓励我省港澳投资企业增资扩产，引导企业加大研发投入，将更多研发中心落地我省。

支持我省企业、研发机构加强与港澳在集成电路、人工智能、数字经济、新能源、生物医药等领域的技术联合攻关和产业合作，推进福厦泉国家自主创新示范区与香港科学园区的合作交流。吸引更多港资企业入驻福建自由贸易试验区，推动设立闽港合资证券公司、闽澳合作发展基金。支持港澳企业与我省企业互办论坛和展会活动，与港澳共同开发“一程多站”旅游产品，助力我省企业“走出去”。推进闽港闽澳“并船出海”，共同拓展与“一带一路”共建国家及葡语国家的投资贸易合作。支持我省企业积极融入粤港澳大湾区建设，拓展闽港澳合作深度。

第二节　做好新时代侨务工作

加强与海外商界、科技界重点社团和人士的联系交流，充分利用世界福建同乡恳亲大会、世界闽商大会和福建侨商投资企业协会、“侨梦苑”等载体平台，拓展与闽籍新华侨华人、海外留学人员和华裔新生代的联络联谊，引导侨胞助力新福建建设。发挥海外经贸、科技、文化各联络站（点）作用，支持侨商回乡投资兴业。增强海外侨胞桥梁纽带作用，吸引海外高层次人才来闽创新创业，推动优质侨资侨智项目落地福建。做好侨批档案抢救保护、研究开发和宣传推广工作，推进侨批档案文献整理研究和侨批文化活化利用。

第三节　创新交流合作机制

进一步发挥闽港、闽澳合作会议平台作用，落实泛珠三角区域合作框架下的闽港澳行政首长高层会晤共识，深化与港澳各领域交流合作。实施便利港澳居民在闽发展政策措施，拓展闽港澳青年交流深度广度，鼓励港澳青年来闽实习就业创业，推动创建港澳青年实习基地、双创中心，推进闽港澳及海外中小学校的校际交流、姊妹校结好工作。建立涉侨工作统筹协调机制，推动构建大统战大侨务工作格局。支持开展闽侨青年精英海丝情、侨青创业行和侨领侨商研习研修等活动。

第十二篇

探索海峡两岸融合发展新路
建设台胞台企登陆的第一家园

贯彻落实党中央对台大政方针，着眼大局大势，注重落细落实，加快两岸融合发展先行区建设，深化闽台各领域融合，打造两岸共同市场，努力在两岸融合发展上作出示范。

第四十三章　深化经济领域融合

第一节　加强两岸先进制造业合作

实施新一轮闽台产业合作计划，推动电子信息、机械装备、能源石化、生物技术等优势产业对接，优化战略性新兴产业合作布局。鼓励台湾百大企业、制造业百强企业、“专精特新”中小企业来闽发展，扩大关键技术、龙头项目和高端人才等领域合作，发挥在闽重点台资企业作用，深化两岸技术、项目和人才交流合作，推动产业链延伸配套。全力跟踪服务台资台企存量重大项目，推动扎根发展。推进闽台科技协同创新，推动与台湾高科技企业、领军人才共建创新平台。

第二节　推进两岸现代服务业合作

深化两岸在医学研发、药械生产销售、医疗设备配置许可等交流合作，推进海峡两岸生技和医疗健康产业合作。鼓励台商在闽建设养老院，引入先进培训模式和管理机制。推动两岸冷链物流服务合作，打造福州、平潭两岸冷链物流产业合作城市。支持符合条件的台资企业在大陆上市，推进区域性股权交易市场“台资板”建设，支持在平潭设立闽台合作证券项目，推进厦门金圆统一证券发展，规范发展福州、厦门、泉州等基金集聚区。加快发展两岸区域性金融服务，推进人民币与新台币在闽直接清算结算。抓好数字经济、文化创意、工业设计等合作。推动环马祖澳旅游区、厦金旅游协作区合作，培育环海峡旅游圈。

第三节　深化两岸现代农业合作

推动国家级台湾农民创业园升级发展，加快闽台农业融合发展产业园建设，加强台湾农业“五新”示范推广，引进台湾先进经验和管理模式，鼓励发展精致农业、休闲农业、创意农业。加快建设平潭台湾农渔产品交易中心、厦门台湾水果集散中心、漳州海峡花卉集散中心等平台，优化提升线上交易平台。

第四节　畅通两岸经贸合作

建设两岸共同市场，降低台企市场准入门槛，促进要素流动更加便利。推进闽台经贸畅通，促进闽台企业共同研发、共建标准、共创品牌、共拓市场。优化对台贸易监管，推动扩大台湾职业资格、企业资质和行业标准采认及台湾商品第三方检测结果采信和应用范围。支持台企在闽设立第三方检验检测、认证机构，参与制定国家、行业和地方标准。完善两岸检验检疫数据交换中心功能，增加进口台湾商品检验检疫“源头管理、快速验放”的种类。支持台企公平参与我省各级政府采购。

第四十四章　深化基础设施领域融合

第一节　推进闽台互联互通

推进闽台基础设施“陆、海、天、网”四位一体联通，构建立体式对台通道枢纽。构建适应常态化疫情防控需要的闽台海空直航方式，持续提升“大三通”“小三通”航线便利往来功能，争取加密对台航班航线，推动增开福州、厦门、泉州至台中、高雄空中直航航班，开展泉州至澎湖空中直航航线前期工作。巩固发展平潭、福州、厦门、泉州至台湾客货航线，推动开通东山至澎湖海上直航航线，推进“两门”“两马”游艇双向直航。推进对台口岸客货运码头建设。持续推进马祖、金门同我省沿海地区通水、通电、通气、通桥，促进福州与马祖、厦门与金门率先融合发展。扎实推进“台海通道”项目研究论证。

第二节　加快推进能源资源互通

充分发挥港口航运和沿海能源布局优势，建设两岸能源资源中转平台。做好向金门海缆输电和供应液化天然气前期工作，探索推动两岸建立电力、石油、天然气等资源产品便捷、经济、安全的供应通道。推动马祖、金门周边、台湾浅滩海上风电资源联合开发，争取打造国家级海上风电基地。

第三节　拓展两岸信息网络建设

促进两岸信息互联互通，推进福州长乐至台湾淡水、厦门至金门海底光缆商业运营，拓展电子商务、云端服务、话务中转等新领域合作，推动扩大5G通讯技术服务延伸覆盖面。推进平潭两岸海运快件业务发展，提升对台邮件快递中转集散能力，鼓励台湾航空海运、物流企业来闽设立电商物流企业，联合打造两岸电商物流服务平台。

第四十五章　深化社会领域融合

第一节　推动台胞台企享有同等待遇

完善保障台湾同胞福祉和享受同等待遇的政策和制度，构建台胞台企登陆的第一家园服务体系。坚持“非禁即享”，推进各项惠台政策落地与创新，为台湾同胞在闽学习、创业、就业、生活提供与大陆同胞同等待遇。扩大教育、科技、卫生、体育、司法、档案等各领域交流交往，推动社会保障和公共资源共享。建设数字“第一家园”对台一体化服务平台。促进闽台社区和基层治理合作创新，推动闽台社区结对共建，探索引入台湾社区治理模式。探索完善闽台合作乡建乡创的新模式。支持台胞参与基层社会事务、乡村振兴、生态文明建设，共同建设美丽家园。

第二节　强化青年和人才交流

突出青少年交流交往，持续办好海峡青年节等交流活动，创设聚焦青年交流合作的新窗口，鼓励更多“首来族”来闽。支持更多台湾学子来闽求学，鼓励台湾教师、医护人员来闽执教、执业。开放就业创业新领域，完善台湾青年来闽实习就业创业政策支持和服务体系，培育一批台湾青年就业创业基地和实习实训基地，鼓励两岸青年携手创业。建立健全吸引台湾人才政策，深入实施台湾高层次人才引进计划，持续开展海峡博士后交流资助计划。支持台湾职业中介、农渔会中介、新媒体营销中介服务等来闽设点，率先打造两岸人才特区。

第四十六章　深化文化领域融合

第一节　密切祖地乡情文化交流

共同传承中华优秀传统文化，促进台胞心灵契合。办好福建文化宝岛行系列活动，支持非遗文化、民间曲艺入岛巡展巡演，宣传推介更多福建特色文化，讲好大陆故事、闽台故事。强化宗亲、乡亲、姻亲、民间信仰“四大纽带”，拓展祖地文化、民间信仰文化交流交往，开展“迁台记忆”档案文献整理与研究，持续深化寻根谒祖、信俗交流，推动闽台族谱网上对接。推动闽台亲情乡情延续，扩大台湾民众参与闽台共写史书、共创作品。办好海峡媒体峰会，大力推进两岸媒体交流合作，推动闽台共创海峡题材艺术精品。

第二节　完善文化交流合作平台

实施对台文化交流品牌提升工程，构建“一地一特色、一部门一精品”的对台交流体系，办好海峡论坛、世界妈祖文化论坛、海峡两岸文博会等大型活动，拓展交流内涵。加强中国闽台缘博物馆、客家祖地、湄洲妈祖祖庙等国家级和省级文化教育交流基地建设，建设闽台文化产业试验园区，打造两岸影视产业基地。推动设立国家级妈祖文化生态保护实验区。建设闽台历史文化研究院，鼓励两岸专家学者、学生共同研修闽台历史文化。

第四十七章　深化平潭综合实验区建设

第一节　打造台胞“第二生活圈”

推进“一岛两窗三区”建设，加快科技创新、制度创新，建设新兴产业区、高端服务区、宜居生活区。支持更多台湾人士、机构和企业参与平潭开放开发建设和管理，推动建设台胞社区。推动平潭至台北、台中、高雄航线常态化运营，开展两岸海空联运，开辟对台邮轮航线。依托台湾创业产业园、平潭跨境电商产业园区等载体，打造台青实习实训就业创业高地。扩大对台职业资格采信成果应用，争取在平潭设立大陆资格考试点，打造台胞考证一体化服务点。鼓励金融机构加大台胞台企综合金融服务力度，推广麒麟卡、两岸共同家园卡等台胞专属金融服务卡。

第二节　提升对台经贸合作水平

不断丰富和深化平潭综合实验区闽台合作窗口功能，推进医疗健康、文化体育、旅游、广电、影视等产业合作，推动扩大对台小额商品交易市场经营商品范围。建立台湾企业资质、行业标准等效认证及监管体系。创新口岸查验合作，推进信息互换、监管互认、执法互认。拓展对台金融先行先试，推动台资银行、证券、保险等在平潭设立法人机构或分支机构。

第三节　做精做美国际旅游岛

完善“一廊、两环、五区”国际旅游岛空间布局。打造一批高品质旅游景区和旅游度假区，发展南岛语族、蓝眼泪、石厝等特色旅游，完善全岛智慧旅游平台，加强5G、AR体验等新兴科技应用，构建海洋休闲度假游、文化旅游、海上运动旅游等多元旅游产品体系，加快形成全域全时旅游消费格局。加快建设国际名品购物街，打造享誉中外国际旅游岛。

第十三篇

着力增进民生福祉 提高共建共治共享水平

坚持把实现好、维护好、发展好最广大人民群众的根本利益作为发展的出发点和落脚点，全面实施居民增收行动，健全多层次社会保障体系，让人民群众共享现代化成果，推动共同富裕。

第四十八章　提高居民收入水平

第一节　健全收入分配调节机制

完善体现效率、促进公平的收入分配制度，切实规范初次分配，健全多种手段并重的再分配调节机制。建立与经济增长相适应的居民收入增长机制，与劳动生产率提高相适应的劳动报酬增长机制，持续提高居民收入在国民收入分配中的比重、劳动报酬在初次分配中的比重，促进城乡居民稳定增收。健全生产要素由市场评价贡献、按贡献决定报酬的机制，提高中等收入群体比重。健全以税收、社会保障、转移支付等为主要手段的再分配调节机制，提高保障民生支出在财政支出中的比重。发挥第三次分配作用，大力发展慈善等社会公益事业。

第二节　稳步促进居民增收

实施城镇职工、农民、困难群体、高端人才“四大群体增收计划”。推动企业、行业开展工资集体协商，引导企业在生产发展和经济效益提高的基础上提升职工工资水平。推进国有企业负责人薪酬制度改革。完善机关事业单位工资和津贴补贴制度。落实公务员分类改革工资政策，加大对基层干部关心关爱力度。完善高层次专业技术人才工资激励机制，提高技能人才工资水平。拓宽中低收入群体增收渠道，探索通过土地、资本等要素使用权、收益权增加要素收入，健全农民工资性收入增长机制，农村居民人均可支配收入年均增长8%。实施高质量就业行动、产业高质量发展行动、多渠道创收行动、公共保障提升行动，着力增加工资性、经营性、财产性、转移性收入。

专栏 30：居民增收计划

城镇职工薪酬增长计划：加强企业工资宏观调控，完善最低工资调整机制，健全企业工资决定和正常增长机制；深化国有企业收入分配改革；健全机关事业单位收入分配机制。

农民创新创业增收计划：大力促进农民创业，落实农村创新创业优惠政策；盘活农业农村资源；加快发展乡村富民产业。

困难群体收入保障计划：推进产业帮扶，加大对欠发达地区农产品品牌推介营销支持力度；完善社会救助制度，夯实基本生活救助，健全专项社会救助，完善急难救助；稳步加大失业保险、工伤保险保障力度。

高端人才激励推进计划：健全高级技术人才收入分配激励机制，鼓励实行灵活多样的分配形式；加大创新创业高端人才激励力度。

第四十九章　实现更加充分更高质量就业

第一节　扩大就业容量

千方百计稳定和扩大就业，加强就业政策与财税、金融、产业等政策的协同和传导，优先投资创造就业岗位多的项目，优先发展吸纳就业能力强的产业，创造更多就业岗位。完善重点群体就业支持体系，统筹做好高校毕业生、退役军人、农村转移劳动力和下岗失业人员等重点群体就业工作。促进创业带动就业，分类推进各类创业主体自主创业。持续推动多渠道灵活就业，鼓励个体经营，增加非全日制就业机会，支持和规范发展新就业形态。

第二节　提升就业能力

构建劳动者终身职业技能培训体系，实施知识更新工程、技能提升行动，更加注重解决结构性就业矛盾。开展企业职工技能提升培训或转岗转业培训，组织失业人员参加技能培训或创业培训，提高职业技能培训精准性、针对性。实施重点群体专项培训计划。加强职业培训基础能力建设，打造一批公共实训基地。推动国家、省、市级人力资源产业园区建设。

第三节　强化公共就业服务

提升城镇公共就业服务能力，加强农村地区公共就业服务，推进充分就业社区建设。开展企业用工调剂、校企对接调剂、村企结对协作。扩大公益性岗位安置，帮扶残疾人、零就业家庭成员就业，促进失业人员再就业。加强重点企业用工指导、政策咨询、劳动关系协调等服务。建设劳动监测预警和智慧就业大数据平台，健全就业需求调查和失业监测预警机制。实施劳动关系“和谐同行”能力提升行动，完善劳动人事争议调解仲裁机制，加强劳动保障监察执法能力建设，强化欠薪问题专项整治，保障农民工按时足额获得劳动报酬，维护劳动者合法权益。

专栏31：促进就业重大工程

高校毕业生就业创业促进计划：健全高校毕业生就业创业服务体系，完善精细化、差异化就业服务机制，提升毕业生就业能力，支持毕业生创新创业，常态化开展专项招聘，对未就业毕业生开展就业帮扶。

公共实训基地建设：支持市、县（区）政府建设公共实训基地。支持工业（产业）园区整合各类资源、平台，推动校企合作，开展技能技术交流、技术技艺攻关及继续教育。

职业技能提升行动：提高培训针对性实效性，全面提升劳动者职业技能水平和就业创业能力，开展补贴性职业技能培训125万人次以上。

劳动监测预警和智慧就业大数据平台：推动就业创业、职业技能培训、劳动关系和劳动维权服务事项网上办理，开展劳动用工及欠薪大数据监测预警。

企业用工调剂计划：支持缺工企业与用工闲置企业实行“共享用工”，进行用工余缺调剂，盘活现有用工存量。

第五十章　健全多层次社会保障体系

第一节　完善社会保险制度

完善社会保险制度，全面实施全民参保计划，实现法定人员应保尽保。对接养老保险全国统筹，完善企业职工基本养老保险省级统筹。落实渐进式延迟法定退休年龄政策，健全多层次、多支柱养老保险体系，完善企业年金、职业年金制度，建立个人养老金制度，推动养老保险第三支柱发展。探索建立新业态从业人员社会保障制度，积极促进有意愿、有经济能力的灵活就业人员、新业态从业人员等参加企业职工养老保险。完善多层次医疗保障体系，健全重特大疾病医疗保险和救助制度，落实异地就医结算，鼓励发展补充医疗保险、商业健康保险。逐步推进失业保险省级统筹。健全社会保险待遇调整机制。加强社会保险基金风险防控，完善职业年金基金市场化投资运营机制。

第二节　健全住房保障体系

因城施策，健全房地产市场平稳健康发展长效机制，加快形成多主体供应、多渠道保障、租购并举的住房体系。合理利用存量和增量住房资源，大力发展租赁住房，完善长租房政策，加快培育专业化、规模化住房租赁企业，有效增加保障性住房供给。着力解决新市民、青年人，特别是从事基本公共服务人员等住房困难群体的住房问题。

第三节　健全社会救助体系

夯实基本生活救助，规范基本生活救助标准调整机制，完善社会救助和保障标准与物价上涨挂钩的联动机制。健全医疗、教育、住房、就业、受灾人员等专项社会救助制度。完善临时救助政策措施，全省统一开通12349社会救助服务热线，畅通急难救助渠道，做好救急难工作。促进社会力量参与社会救助，积极发展服务类社会救助。运用现代信息技术推进救助信息聚合、救助资源统筹、救助效率提升。

第四节　推进社会福利和慈善事业发展

保障残疾人基本权益，完善社会无障碍设施，落实残疾儿童康复救助制度，提升残疾人服务保障水平。加强精神卫生福利机构建设，依托现有资源拓展服务功能，全面推进精神障碍患者社区康复服务。加强儿童福利机构、未成年人保护中心及基层服务网络建设，推动各设区市至少建设1家集养、治、教、康、社工服务于一体的区域性儿童福利机构，实现县级未成年人保护平台建设全覆盖。推进基本殡葬服务普惠化，加快城乡公益性安葬（放）设施建设，推行绿色节地生态葬式。推动专业社会工作和慈善事业发展，健全经常性社会捐助制度。

第五节　加强优抚安置

推进退役军人事业发展，完善退役军人服务保障体系建设，健全退役军人“阳光安置”工作机制。加强优抚医院、光荣院以及军休所等机构建设，提升医疗、养老综合服务保障水平。充分发挥退役军人关爱协会等作用，维护退役军人合法权益。鼓励退役军人参与社会志愿者活动、应急保障服务。加强双拥服务保障，积极为军人和家属排忧解难，深化社会化拥军。

第六节　保障妇女儿童合法权益

坚持男女平等基本国策和儿童优先，切实加强妇女、未成年人等社会群体权益保护。保障妇女平等获得就学、就业、社会保障、婚姻财产和参与社会事务等权利和机会。完善并落实促进妇女创业就业政策，加强反家庭暴力经常性工作。健全农村留守妇女关爱服务体系。关爱未成年人健康成长，完善未成年人监护制度。加强孤儿、事实无人抚养儿童、流浪乞讨儿童保障和救护，关爱保护留守儿童、流动儿童。做好专门教育，发挥矫治和预防犯罪作用。预防和减少未成年人遭受性侵、暴力等伤害，综合防范未成年人网络沉迷、儿童青少年近视。

专栏32：民生保障重大工程

全民参保计划：对全民参保数据实行动态管理，动态精准锁定未参保人员和中断缴费人员，分类施策，精准扩面。

省金保工程（三期）：整合社会保险各险种业务信息系统，打造“内部融通、外部联通、上下贯通”的全省人力资源和社会保障业务综合受理信息平台。

省级医疗保障信息平台：采用省级集中模式，建设标准全国统一、数据两级集中、平台分级部署、网络全面覆盖的省级医疗保障信息平台。

社会救助创新工程：积极发展服务类社会救助，形成“物质+服务”的救助方式；加大政府购买服务力度；加强社会救助信息化建设。

社会福利提升工程：实施“福蕾”行动计划；建设城乡公益性骨灰楼堂、公益性公墓、殡仪馆等基础设施。

第五十一章　加强和创新社会治理

第一节　改进社会治理方式

完善党委领导、政府负责、民主协商、社会协同、公众参与、法治保障、科技支撑的社会治理体系。强化源头治理、动态管理、应急处置和标本兼治，运用大数据、云计算、区块链、人工智能等前沿技术推动社会治理理念、模式、手段创新，推进社会治理精细化。发挥群团组织、新经济组织、社会组织在社会治理中的作用，畅通和规范市场主体、新社会阶层、社会工作者和志愿者等参与社会治理的途径。建立县区—镇街—村居三级社会工作服务体系，加快推进乡镇（街道）社会工作服务站全覆盖。以规模化社会工作站点和专业化社会工作人才队伍促进社会治理能力提升。推动社会治理和服务重心向基层下移，向基层放权赋能。健全政府信息发布制度。加强人口管理、实名登记、信用体系、危机预警干预等制度建设。推进综治中心建设。推进市域社会治理现代化试点，打造高质量的市域社会治理创新特色品牌。

第二节　创新基层治理

健全党组织领导的自治、法治、德治相结合的城乡基层治理体系，依法厘清基层政府和社区组织权责边界，减轻基层特别是村级组织负担。完善村务公开、居务公开、民主评议等途径，依法保障居民知情权、参与权、决策权和监督权。推进近邻党建工作，健全社区治理机制，完善社区基本公共服务标准，加快智慧社区建设，提升网格化管理和精细化服务水平。推行社区服务近邻模式，增强社区服务功能。完善社区、社会组织、社会工作“三社联动”机制，增强社会工作在资源链接、化解矛盾、社会融入等方面的专业作用。

第三节　增强社会自我调节功能

实施“家家幸福安康工程”，发挥家庭家教家风在基层社会治理中的重要作用，探索创建妇女儿童友好城市（社区）。引导公众用社会公德、职业道德、家庭美德、个人品德等修身律己，自觉履行法定义务、社会责任和家庭责任。加强行业规范、社会组织章程、村规民约、居民公约等社会规范建设，充分发挥社会规范在协调社会关系、约束社会行为等方面的积极作用。推动青年事业发展，引导青年参与社区（乡村）治理和群众自治。健全以职工代表大会为基本形式的企事业单位民主管理制度，推进基层工会规范化建设，维护职工合法权益。引导和动员慈善组织、社会组织、社会工作和志愿服务等社会力量参与社会治理。

第十四篇

提升全民素质
促进人的全面发展

全面提高教育、医疗卫生水平，着力增强人民科学文化和健康素质，实施积极应对人口老龄化国家战略，促进人的全面发展和社会全面进步。

第五十二章　建设高质量教育体系

第一节　建设高素质教师队伍

全面贯彻党的教育方针，落实立德树人根本任务，加强师德师风建设。健全教师培养培训体系，深化教师编制、职称等改革，提升教师教书育人能力素质。提高中小学教师待遇地位，加大乡村教师支持力度。统筹推进大中小学思政课一体化建设。健全学校家庭社会协同育人机制，培养德智体美劳全面发展的社会主义建设者和接班人。深化教育领域综合改革，建立健全新时代教育评价体系。

第二节 促进基础教育公平均衡

建立公平公益优质的基础教育体系。推动学前教育普及普惠发展，稳步推进公办园建设，加大普惠性民办园扶持力度，加强边远乡村学前教育巡回支教点建设，扩大示范性学前教育资源覆盖面。提升义务教育均衡发展水平，持续推进城乡一体化和学校管理标准化，加快推进义务教育薄弱环节改善与能力提升，打造乡村温馨校园，提升教育信息化水平。完善随迁子女、留守儿童、残疾儿童等特殊群体学生就学关爱制度。推进普通高中优质多样特色发展，全面实施普通高中新课程新教材，支持普通高中与中等职业学校课程互选、学分互认、资源互通，促进普职融通。完善特殊教育支持保障体系，加强特殊教育资源中心（教室）建设。规范民办义务教育发展，加强校外培训机构监管。强化评价导向作用，激发中小学校办学活力。

专栏 33：基础教育公平公益优质发展重大工程

普惠性学前教育巩固提升行动计划：增加普惠性学前教育资源供给，到 2025 年，每个县（市、区）公办幼儿园在园幼儿占比均达到 50%以上，全省普惠性幼儿园在园幼儿占比保持在 85%以上。

义务教育均衡发展和城乡一体化推动计划：加大城区学位供给，推进公办初中强校建设，推动城乡学校对口帮扶、教育共同体建设全覆盖。通过学校联盟、集团化办学等多种方式促进优质教育资源共享。到2025年，培育认定300所省级义务教育教改示范校。鼓励有条件的县（市、区）开展义务教育优质均衡发展创建工作。

普通高中质量提升计划：实施普通高中新课程改革，持续推进优质高中建设，到2025年，每个县（市）至少有1所一级达标高中，培育认定40所特色鲜明的省级示范性高中和30个优质高中特色项目。

第三节　推进高等教育内涵式跨越式发展

分类推进“双一流”建设，新推动2～3所省级一流大学跻身全国一流大学行列，若干个学科达到国家一流学科建设标准，若干个学科进入世界一流学科行列。加快示范性应用型大学建设。支持建设重点医学和师范院校，加快医学教育创新发展。布局建设一批未来技术学院、现代产业学院，加快培养理工农医类紧缺人才，打造一批高水平学科创新平台和科技前沿中心。积极引进国内外高水平大学和科研机构来闽合作办学，创办特色学院、分校或研究院。推动福州地区大学城高校集群创新发展，全力打造全国一流大学城。支持中国科学院大学福建学院建设。推动研究生教育扩容提质，新增一批博士硕士学位授予单位及学位授权点。

专栏34：高等教育内涵发展重大工程

一流大学和一流学科建设计划：支持厦门大学、福州大学列入国家新一轮“双一流”大学建设。支持华侨大学建设特色鲜明、海内外著名的高水平大学。支持建设8所省级一流大学，支持福州大学城建设。支持中国科学院大学福建学院、天津大学福州国际校区建设。

高水平学科创新平台建设计划：围绕集成电路、材料科学、人工智能、现代农业科学、公共卫生与预防医学、重大传染病精准防控、中医药传承创新等新工科、新医科、新农科、新文科领域，建设一批高水平学科创新平台和前沿科学中心。在数学、物理、化学、生物、信息等基础学科领域，扶持建设一批高水平基础学科创新平台。遴选建设一批基础学科拔尖学生培养基地。

研究生教育扩容提质计划：支持博士硕士学位授予培育单位建设，到2025年，新增6个博士硕士学位授予单位和50个博士硕士学位授权点，设立30个研究生联合培养示范基地或研究生工作站。

中外合作办学支持计划：支持各地政府和省内外高校引进世界知名大学来闽创办中外合作办学机构。支持天津大学—新加坡国立大学福州联合学院建设。

第四节　增强职业技术教育适应性

推动若干所高等职业院校升格为职业教育本科院校，

支持列入国家“双高计划”的高职院校骨干专业试办本科层次职业教育，支持符合条件的技师学院纳入高等职业教育序列。完善应用型人才培养体系，推进中职与高职、中职高职与职业教育本科和应用型本科实行多形式对口贯通分段培养。引导职业院校及专业（群）与地方经济社会发展紧密对接，完善合作机制，推动企业深度参与校企合作育人、技术协同创新，形成产教融合、校企合作发展新格局。

专栏35：特色现代职业教育发展重大工程

职业教育创新发展计划：加快推动福州新区职教城建设，支持泉州市开展国家级产教融合型城市建设试点，支持其他地市职业教育创新发展，到2025年，建成5所万人规模的技工院校。

高水平职业院校和专业建设计划：支持建设一批引领改革、对接产业、支撑发展的职业院校和专业（群），到2025年，建成10所高水平高等职业院校、30所高水平中等职业学校、20个高水平高职专业（群）、90个高水平中职专业（群）。

产教融合建设试点行动：推进重要行业领域深化产教融合，到2025年，培育建成20个示范性职教集团（联盟）、20个具有辐射引领作用的高水平专业化产教融合实训基地。

第五节　完善终身教育体系

健全渠道更加畅通、方式更加灵活、资源更加丰富、学习更加便利的终身学习服务体系。深化福建开放大学办学体系综合改革。完善各级老年教育网络和公共服务平台。推进终身教育学分银行建设。鼓励各级各类学校面向社会开展继续教育、老年教育、社区教育，加快学习型社会建设。开发优质继续教育网络课程，扩大公共数字化教育资源库覆盖面。

第五十三章　全面推进健康福建建设

第一节　完善公共卫生安全体系

坚持预防为主方针，坚持防治结合、联防联控、群防群控，努力为人民群众提供全生命周期的卫生与健康服务。健全公共卫生应急管理体系，优化疾控机构职能设置，健全公共卫生应急指挥、救治和物资保障体系，增强早期监测预警能力、快速检测能力、应急处置能力、综合救治能力，优化重大疫情医疗救治医保支付政策。加强公立医疗机构传染病救治能力建设和应急医疗救治能力储备，依托高水平三级综合医院建设重大疫情救治基地，持续提高基层医疗卫生机构公共卫生服务能力，制定应急设施预案以及临时可征用的公共建筑储备清单，完善分类、分级、分层、分流的重大疫情救治机制。加强公共卫生人才队伍培养。加快省预防医学研究院建设，加强我省人兽共患病、重大传染病等公共卫生领域研究。夯实联防联控的基层基础。广泛深入开展爱国卫生运动。普及全民应急救护知识和技能。

第二节　提升医疗卫生服务水平

全面提升医疗卫生服务体系建设，统筹整合和扩容提质医疗资源，着力构建城乡一体、优质均衡、多元发展的整合型医疗卫生服务体系。鼓励我省公立医院继续实施医疗“创双高”项目，推进国家区域医疗中心建设，加快推动国家高水平医院与我省医院合作共建，提升疑难病症诊治和急危重症救治能力。建设省级区域医疗中心，辐射带动片区内医疗服务水平整体提升。打造县域紧密型医共体和城市医联体，推动医疗资源下沉，持续推动县级医院医疗服务能力提标扩能建设，人口 30 万以上的县（市）各至少建成 1 所达到县医院医疗服务能力推荐标准的医院。完善全科医生培养、分级诊疗等制度，推进社区医院建设。扎实开展“互联网＋医疗健康”示范省建设。加强全生命周期健康管理，提升健康教育、慢病管理和康复服务质量，重视精神卫生和心理健康。加大职业病源头治理力度，加强职业健康服务。大力弘扬伟大抗疫精神，在全社会营造尊医重卫良好风尚。

第三节　深化医药卫生体制改革

巩固提升“三明医改”经验，持续推进医疗、医保、医药的“全联”与“深动”，推动将健康融入所有政策。深化医保、医药管理体制改革，持续推进医保支付方式改革，完善医保药品支付标准，深化药品和医用耗材领域改革，健全以成本和收入结构变化为基础的医疗服务价格动态调整机制。加强公立医院精细化管理，建立健全现代医院管理制度。加强医疗卫生行业综合监管。支持社会力量举办非营利性医疗卫生机构，深化闽台卫生健康交流合作。建立健全符合行业特点的编制人事薪酬制度，完善促进医学人才下沉、柔性流动的体制机制。

第四节　加快中医药发展

推动中医药传承创新发展，完善中医药医疗保健服务体系，加强中医药服务机构建设，筑牢基层中医药服务阵地。实施中医传承创新工程和中医名医名药名科名院工程。加快培育发展一批名优三级甲等中医院。加强多层次中医药人才培养，完善中医医师规范化培训模式和确有专长人员考核方案。鼓励民营中医医疗、预防保健机构发展。推进中医药文化传播和科普知识宣传。加强中草药发展与管理。坚持中西医结合，发挥中医药在疾病预防和治疗、传染病防治、健康促进中的作用。

第五节　广泛开展全民健身

完善全民健身公共服务体系，打造“十五分钟”健身圈。统筹公共体育设施建设，加快推进学校、企事业单位体育设施向社会开放。培育引进国际国内品牌赛事，鼓励举办具有地域特色的体育赛事活动，提高竞技体育水平。加强社会体育指导员队伍能力建设和工作保障，提高全民健身志愿服务水平。支持开展老年人和残疾人体育健身活动。办好第十八届世界中学生运动会、省第十七届运动会、省十一届老年人健身运动会等。

专栏36：健康福建重大工程

公共卫生体系建设工程：建立健全临床治疗、疾病控制、医疗保障、物资供应、科学研究等有效协同机制，构建医疗救治服务网络，依托高水平三级综合医院建设重大疫情救治基地。

国家区域医疗中心建设工程：加快复旦大学附属华山医院福建医院、复旦大学附属中山医院厦门医院等国家区域医疗中心建设。推进创建由福建医科大学附属协和医院牵头的综合类国家区域医疗中心。推动建设儿童、肿瘤、老年医学、心血管、神经、创伤、口腔、呼吸等专科类国家区域医疗中心，推进省儿童医院、省肿瘤医院、晋江市医院、四川大学华西医院厦门医院等纳入国家区域医疗中心试点项目。支持省立医院、省妇产医院、福建医科大学孟超肝胆医院等建设。推进中医肿瘤等中医高水平医院建设。

省级区域医疗中心建设工程：提高设区市医疗资源综合承载能力，形成一批省域内具有较强引领和辐射带动作用的优质医疗、科研、人才培养“高地”，推动省域医疗资源扩容和均衡布局。

基层医疗卫生机构服务能力提升建设工程：支持建立58个县域医共体，推进晋安区和同安区2个国家市辖区医共体试点。推进120所基层医疗卫生机构提升医疗服务能力，达到二级医院或社区医院建设标准。推进基础薄弱的基层医疗卫生机构和村卫生室设施建设和能力提升。

县级中医药服务能力建设工程：推动中医医院空白县（市）各新建1所县级中医医院；推进列入国家全面提升县级医院综合能力（第二阶段）建设的12所县级中医医院达到三级中医医院基本标准。

全民健身工程：创新发展“互联网＋体育”，实施数字体育建设工程；推进体育公园、全民健身活动中心项目建设，不断完善基层健身设施，提升省体育中心、福州奥体中心服务全民健身功能，推进武夷新区体育中心、厦门翔安体育中心、漳州“中国女排娘家”基地等建设。

第五十四章　积极应对人口老龄化

第一节　促进人口均衡发展

增强生育政策包容性，提高优生优育服务水平，降低生育、养育、教育成本，促进人口长期均衡发展。推进妇幼健康机构达标建设，加大母婴设施建设力度，加强妇幼健康和母婴安全保障。开展出生缺陷综合防治，提高出生人口素质。实施关爱女孩行动，促进出生人口性别比平衡。健全普惠托育服务体系，发展家庭为主、托育补充的3岁以下婴幼儿照护服务，推进托育服务标准化和规范化建设。健全完善计划生育家庭扶助保障政策体系。

第二节　健全养老服务体系

推进城乡基本养老服务均等化，实施老年人营养改善行动，构建居家社区机构相协调、医养康养相结合的养老服务体系。实施城市全龄化社区家园模式推广工程，提升居家社区养老品质，鼓励成年子女与老年父母就近居住或共同生活，履行赡养义务，承担照料责任，探索社区互助式养老，全面建立居家社区定期探访制度及农村留守老年人关爱服务工作机制和基本制度。深化公办养老机构改革，强化公办养老机构及公建民营养老机构兜底保障。积极培育养老服务市场，支持社会资本投资兴办养老机构，大力发展普惠性养老。到2025年，新增各类养老床位不少于5万张，养老机构护理型床位占比超过60%。强化养老机构服务能力，建立统一的服务质量标准和评价体系，健全养老服务综合监管制度。深入推进医养结合发展，提高医养签约服务质量，规范医疗卫生机构和养老机构合作，鼓励建设养老与健康、养生、休闲、度假相结合的康养项目。加快推进老年医学等学科专业建设，扩大安宁疗护试点范围，完善培训体系，发展壮大养老服务从业队伍，培养为老服务的社会工作者、志愿者队伍和社会组织。探索建立长期护理保险制度。

第三节　建设老年友好型社会

传承弘扬养老、孝老、敬老的中华民族传统美德。打造老年宜居环境，加快无障碍公共基础设施建设和适老化改造。发展老年教育、老年文化、老年体育，丰富老年人精神文化生活。支持有意愿有能力的大龄劳动者和老年人就业创业，发展“银发”经济。加强老年人法律服务和法律援助，健全老年人权益保障机制，加强老年人社会优待。鼓励社会力量共同参与老年友好型社会建设。

专栏 37：养老服务重大工程

社区养老服务设施：完善社区养老服务设施骨干网，每个街道至少建有 1 所具备综合功能的养老服务机构。社区日间照料机构覆盖率达 90%，“一刻钟”居家养老服务圈基本建成。

老年人养护院：聚焦高龄及失能失智老年人，每年扶持建设 5 所服务高龄及失能失智等刚需群体的老年人养护院。

农村养老服务工程：整合乡镇片区资源，推进乡镇敬老院转型升级，推动建设养老服务功能较全的农村区域性养老服务中心。开展农村幸福院运营质量专项治理，提升服务水平。

养老公共服务平台：依托“互联网十”提供就近便捷养老服务，每年建设不少于 30 所“智慧养老院”。

第十五篇

推动文化繁荣兴盛 加快建设文化强省

坚持马克思主义在意识形态领域的指导地位，坚持以社会主义核心价值观引领文化建设，加强社会主义精神文明建设，更好满足人民文化需求、增强人民精神力量。

第五十五章　提高社会文明程度

第一节　培育和践行社会主义核心价值观

推动形成适应新时代要求的思想观念、精神风貌、文明风尚、行为规范。推动学习宣传贯彻习近平新时代中国特色社会主义思想走深走实，坚持不懈用党的创新理论武装党员、教育人民。推进马克思主义理论研究和建设工程，深入实施青年马克思主义者培养工程，推动党的创新理论深入人心。用社会主义核心价值观凝聚共识、汇聚力量，着力培育时代新人，推动理想信念教育常态化制度化，加强党史、新中国史、改革开放史、社会主义发展史教育，加强爱国主义、集体主义、社会主义教育。实施哲学社会科学创新工程，推进新型智库建设。

第二节　传承弘扬优秀传统文化

深入实施福建优秀传统文化传承发展工程，构建八闽文化标识体系，推动创造性转化、创新性发展，让敢拼会赢、开拓进取、海纳百川、多元共生的八闽文化熠熠生辉、焕发生机。实施福建省革命文物保护利用工程，传承弘扬红色文化。健全文化和自然遗产保护利用机制，持续推进历史文化名城名镇名村、传统村落和文物建筑、历史建筑、名居古厝、传统风貌建筑抢救保护、修缮维护和活化利用。加强考古研究、大遗址保护和水下文化遗产保护，推进国家考古遗址公园建设和水下考古基地建设。加强非物质文化遗产保护传承，推进非物质文化遗产区域性整体保护，加强濒危剧种、曲种抢救保护。办好第四十四届世界遗产大会。

专栏38：文化遗产保护利用重大工程

文物保护利用：推进“泉州：宋元中国的世界海洋商贸中心”项目和福州三坊七巷、福州西方国家领事馆建筑群、闽南红砖建筑申遗工作；积极参与“海丝”联合申遗和万里茶道联合申遗。加强中央苏区、长征片区、闽浙赣片区、海陆丰片区红色革命文物保护利用。推进万寿岩遗址、奇和洞遗址等史前遗址考古研究和保护利用，加强闽江流域历史文化保护利用和平潭史前遗址、水下遗址考古研究。实现全国重点文物保护单位“三防”工程达100%，力争省级以上文保单位智慧安防、消防系统建设达50%以上。

非物质文化遗产保护传承：加快非遗数据库建设，加强记录成果保存与转化利用。促进传统工艺振兴发展。加大非遗保护利用设施建设，到2025年，新建非遗展示体验中心、非遗传习所（点）150个。

第三节　推进新时代文明实践

加强新时代公民道德建设，实施文明创建工程，深化文明城市、文明村镇、文明单位、文明家庭、文明校园等群众性精神文明创建活动，拓展新时代文明实践中心建设。创新推进政风、行风、校风、家风建设，营造良好社会风气。强化主流价值传播和舆论引导，学习宣传谷文昌、廖俊波、闽宁对口扶贫协作援宁群体、洋口国有林场科研育种团队等先进典型事迹，倡导艰苦奋斗、勤俭节约，开展以劳动创造幸福为主题的宣传教育，完善诚信建设、志愿服务、文明旅游、青少年理想信念教育等长效机制。

第五十六章　提升公共文化服务水平

第一节　繁荣文艺创作生产

健全文艺精品和文化产品创作生产传播的引导激励机制，实施文艺高峰工程、出版精品开发工程、舞台艺术精品工程、广播电视和网络视听精品工程。繁荣发展影视业，打造影视强省，扩大丝绸之路（福州）国际电影节、中国金鸡电影节等影响力，建设福州、厦门、平潭、泰宁等影视基地和国家级网络视听产业基地。实施福建优秀中长篇小说创作工程、中华优秀传统文化出版工程、《八闽文库》全媒体出版工程，扩大闽派诗歌、闽派批评等文艺品牌影响。

第二节　完善公共文化服务体系

优化城乡公共文化资源配置，推动城乡公共文化一体发展，应用数字网络技术提高公共文化智慧服务能力。提升重点文化惠民工程，完善基层综合性文化服务中心、乡镇影院、智慧广电乡村工程等建设，加快农家书屋改革创新。健全面向青少年、农民工和特殊人群的公共文化服务机制。支持开展群众性文化活动，提升“百姓大舞台”“非遗进校园”“三下乡”等文化惠民活动。推进体育文化发展。深入开展全民阅读、全民艺术普及和优秀传统文化传承活动，推进实体书店转型升级。

第三节　创新公共文化服务供给方式

推动公共文化服务多元投入，健全政府购买公共文化服务机制，引导和鼓励社会力量以兴办实体、资助项目、赞助活动、提供设施、捐赠产品、管理运营、志愿服务等方式参与提供公共文化服务。加强对文化类社会组织的引导、扶持和监管，提高专业能力和服务意识。推动媒体深度融合，实施全媒体传播工程，提升县级融媒体中心建设水平，建设“新福建云”平台，做强新型主流媒体，打造高水平传播体系。

专栏39：公共文化服务重大工程

文化艺术精品高峰工程：创作高质量剧目30～50部，推出精品剧目10～15部，积累一批优秀保留剧目。争创一批剧目入选全国重大文化赛事活动。打造“闽派”广播电视和网络视听文艺精品，推出一批以百姓视角反映改革开放以来党和国家事业取得历史性成就和发生时代变革的优秀作品。

公共文化设施提升工程：推进省美术馆、省图书馆仓储式分馆等重点公共文化设施建设，改造提升一批未达标的公共图书馆、文化馆和博物馆，完善基层综合性文化服务中心和广播电视公共服务网络，推进应急广播体系、广播电视无线发射台站基础设施改造等项目建设。

文化惠民扩面增效工程：持续开展“百姓大舞台”“春燕行动—福建乡村音乐会”“文化大篷车”“戏曲进乡村”“非遗进校园”“文化三下乡”等文化惠民活动，继续举办“福建音乐舞蹈节”“大舞台”“大讲台”“大展台”等群众性文化活动。创新文化惠民方式方法，支持引导社会力量参与公共文化服务。

公共文化数字化建设工程：建设全省公共数字文化资源库、大数据中心、信息管理和应用系统，提升福建公共文化供需对接平台功能和效益，拓展“福建文化一点通”覆盖面。实施智慧广电网络建设工程，推进智慧广电云平台等项目建设。推动城乡数字电影院标准化、均等化。推进农家书屋数字化建设。

第五十七章　健全现代文化产业体系

第一节　加快文化产业发展

做强优势特色文化产业，推动文化和旅游、科技等相关产业深度融合发展，推进福州、厦门国家级文化和科技融合示范基地建设。实施文化产业龙头促进计划，做大做强做优骨干文化企业，加大“专精特新”中小文化企业扶持引导，培育一批细分领域的单项冠军。实施文化产业数字化战略，推进国家文化大数据体系（福建）建设，加快发展数字出版、网络视听、数字影音、在线教育、动漫游戏等新型业态。改造提升传统文化产业业态，加快传统工艺美术产品升级，壮大乐器产业。加快培育文化要素市场，支持文化消费平台建设和模式创新，鼓励各地通过政府购买服务、消费补贴等途径扩大文化消费。推进文化旅游消费升级，支持福州、厦门、三明等城市创建国家文化和旅游消费试点城市。

第二节　打响福建文化品牌

着力延续文脉，深入挖掘福建历史文化资源和多元文化内涵，综合运用文艺创作、创意产品开发、品牌营销推广等手段，打造新时代“闽台”“闽侨”“闽戏”“闽遗”“闽学”等特色文化系列品牌。坚持以文塑旅、以旅彰文，深入实施文化旅游融合示范工程，建设富有文化内涵的世界级旅游目的地，打造特色鲜明的文化旅游城市和历史文化街区。加快建设全域生态旅游省，持续打响“清新福建”“全福游、有全福”品牌。

第三节　深化文化体制改革

建立健全把社会效益放在首位、社会效益和经济效益相统一的文化创作生产体制机制，引导文化企业坚持正确导向，履行社会责任。深化文化单位分类改革，分类推进国有文化企业改革，完善国有文化资产管理体制机制。深化国有文艺院团改革和文化市场综合执法改革。

专栏40：文化产业发展工程

文化产业数字化工程：大力发展数字教育、知识服务、大众数字阅读及数字印刷、智能印刷等新业态。支持福州、厦门申报建设国家级网络视听产业基地，做大做强网络视听产业。鼓励打造优秀动漫原创精品，发展壮大在线教育产业。

文化旅游融合示范工程：推动文化和旅游深度融合，创建一批文化产业和旅游产业融合发展示范区，发展康体养生、研学旅游、生态观光、文化体验、影视文化旅游等新型业态。推进福州三坊七巷、朱紫坊及上下杭、厦门鼓浪屿、泉州古城等区域标志性文化旅游重点项目建设。

国家文化大数据体系（福建）建设工程：推进我省中国文化遗产标本库、中华民族文化基因库、中华文化素材库、数字化文化生产线、国家文化专网、文化体验场景等建设，构建完善我省国家文化大数据体系。

第十六篇

统筹发展和安全
建设更高水平平安福建

坚持总体国家安全观，全面落实国家安全战略部署，牢牢守住安全发展这条底线，切实防范化解现代化进程中的各种风险，营造良好安全环境，筑牢国家安全东南屏障。

第五十八章　全面提升公共安全保障能力

第一节　强化安全生产

强化安全发展理念，压实安全生产责任，健全安全生产隐患排查和安全预防控制体系，抓实抓细日常安全生产管理。开展安全生产专项整治，加强房屋结构安全、非煤矿山、道路交通、危险化学品、工贸等重点行业领域专项治理。严格监管执法，严密防范各类灾害事故风险叠加放大，坚决防范遏制重特大生产安全事故发生。加强安全文化建设和宣传教育培训，提升全民安全素质。

第二节　保障食品药品安全

落实“四个最严”要求，全面落实食品药品安全责任制，坚持党政同责，明确部门监管责任，强化企业主体责任。加强全生命周期质量监管，推进食品安全“一品一码”和药品（疫苗）信息化追溯体系建设，完善食品药品产地准出、市场准入、问题产品召回制度。持续深化“餐桌污染”治理，建设“食品放心工程”，严格防控食品安全风险。严把从农田到餐桌、从实验室到医院的每一道防线，对质量安全问题实行“零容忍”。

第三节　强化生物安全保护

加强生物安全监管和风险防控，构建国门生物安全综合治理体系，完善生物产品供应链全过程追溯，对医学研究、新型生物技术应用开展伦理安全监管，规范细胞治疗、基因编辑等前沿生物技术应用。加强实验室生物安全建设，新建1～2个生物安全三级实验室和1个国家级菌（毒）种保藏机构。加强农作物病虫害、林业有害生物、动物疫病和外来入侵物种等防控工作，提高生物安全突发事件应急处置能力。

第四节　加强应急保障能力建设

健全应急管理体制机制，完善标准体系和组织体系，优化风险防控、监测预警、应急联动、应急新闻、信息发布、恢复重建等机制。统筹利用社会资源，加快新技术应用，强化应急协同保障能力。完善消防安全共治共享机制，加强城乡公共消防基础设施建设，优化消防救援队伍、森林消防队伍人员及装备配置。健全突发事件和应急处置风险防控监测预警服务体系，完善应急预案评估与演练机制。加强防汛、抢险、救助物资储备，构建统一应急物资储备信息化管理平台，建立省市县乡四级应急物资储备网络。

专栏41：应急保障重大工程

应急救援体系：推进应急预案体系、应急救援力量、应急救援航空体系等建设。建设感知网络、通信网络、应急指挥视频调度系统、应急数据治理系统、应急管理综合应用平台等。建强国家综合性消防救援队伍，壮大政府专职消防队、志愿消防队、微型消防站等多种形式消防队伍，补充消防救援队伍力量，推进“防消一体化”，实现城乡消防救援力量全覆盖。

公共消防基础设施建设：适应“全灾种、大应急”需要，加强消防救援站、消防供水、消防通信、先进消防装备、消防车通道和省市两级消防训练基地、国家级消防科普教育基地建设。建设“智慧消防”平台。

第五十九章　提高经济安全保障能力

第一节　保障粮食安全

实施粮食安全战略，强化粮食安全省长责任制考核，全力守住人民群众的“米袋子”。全面加强耕地保护，切实遏制耕地“非农化”“非粮化”和抛荒，实施优质粮食工程，保障粮食和重要副食品生产稳定。加强粮食储备，扎实做好粮食收购工作，科学确定粮食储备规模，严格落实地方储备，优化储备粮品种结构和区域布局。加强粮食仓储、物流和应急供应能力建设，建设高标准现代化粮库，推进仓容与本级储备粮规模相匹配。倡导厉行节约、珍惜粮食，开展粮食节约行动。

专栏 42：粮食安全保障重大工程

优质粮食工程：优化粮食产后服务体系功能布局；依托国有粮食企业建设检验监测机构，提升粮食质量检测能力；持续推动建设一批“中国好粮油”示范县、示范企业，评选认定一批“福建好粮油”产品，加快形成“种粮农民种好粮、收储企业收好粮、加工企业产好粮、消费者吃好粮”的良好局面。

粮库建设工程：加快粮食仓储设施功能提升改造，大力推广科技储粮、绿色储粮新技术，全省现代化仓容达 600 万吨以上，实现各级储备粮规模与现代化仓容相匹配；推进高标准粮库建设，提升粮库硬件档次，提高管理水平。

粮库智能化升级改造。持续推进粮库智能化升级改造，推动省级平台与地方储备粮承储企业间数据互通共享、在线全程监控，形成全省粮食储备信息化“一张网”。

第二节　保障能源安全

实施能源安全战略，提升能源储备能力。推进抽水蓄能、电储能等调节型电源建设，强化统筹网、源、荷布局，推进单机30万千瓦级纯凝燃煤机组以等容量新建煤电项目替代，完善省内主干输电网架结构，优化电力调度，满足北电南送和区域经济发展对电力的需求，进一步提高电力保障能力。构建煤炭供应保障长效机制，依托省内主要煤炭中转基地及主要燃煤电厂推进煤炭储备体系建设。推进LNG接收站建设，加快形成天然气多气源保供的市场化竞争格局。支持炼化等企业建设商品油储设施。保障核与辐射安全，维护新型领域安全。

第三节　维护区域金融稳定

加强源头防范，完善金融监管，坚决守住不发生系统性金融风险底线。强化信贷投向引导，提高直接融资比例，有序降低全社会杠杆率，增强金融机构服务实体和抵御风险能力。严厉打击违法违规金融活动。健全规范政府举债融资机制，强化政府债务限额管理和预算管理，切实防范和化解政府债务风险。完善金融工作议事协调和应急处置机制，建立信息共享制度。

第六十章　深化平安福建建设

第一节　完善社会治安防控体系

落实平安建设目标责任制度，健全平安建设协调机制和考核评价体系。坚持专群结合、群防群治，整合内部组织和社会资源等防控力量，增强社会治安防控的整体性、协同性、精准性，提高预测预警预防各类风险能力。实施“智慧政法”战略，推动实现公共安全要素全息掌控、公共安全风险智能感知、公共安全问题协同共治。深化数字警务、智慧公安建设，加强公安基础设施、警务装备和警用航空建设，构建智慧化市域治安防控新格局。弘扬新时代“漳州 110”精神，坚持打防管控建并举，加快建设立体化信息化社会治安防控体系，坚决防范和严厉打击暴力恐怖、黑恶势力、新型网络犯罪和跨国犯罪等。推动扫黑除恶专项斗争长效常治，全面铲除黑恶势力滋生土壤。

第二节　健全矛盾纠纷预防化解机制

弘扬“四下基层”“四个万家”优良传统，创新发展新时代“枫桥经验”，大力推行“四门四访”，从基层源头预防社会矛盾。推进人民调解、行政调解、司法调解有效衔接，协同推进诉源治理和诉非联动，化解信访矛盾。加强全省调解组织和调解员队伍建设，持续开展品牌调解室创建活动。创新阳光信访工作机制，有序推进“信访评理室”建设，依法及时就地解决群众合理诉求。构建科学高效的社区矫正执法体系。

专栏43：平安福建建设重大工程

智慧政法建设：构建政法跨部门大数据办案平台和社会治理智能化综合平台，优化完善各级网格化服务管理平台，集聚创新资源、融合数据资源，提升政法业务协同、综合决策能力，提升社会治理指挥调度、联动处置能力，提升公共服务水平，深化社会稳定运行动态立体感知及数据挖掘应用。织密全省智能化视频感知网络，优化扩容公安大数据计算存储环境，完善公安大数据平台体系。

特殊人群服务管理：强化对社区矫正对象的监督管理和教育帮扶。加强肇事肇祸严重精神障碍患者服务管理，建立强制治疗救助基金，落实有奖监护政策并逐步实行免费救治。推进未成年人综合保护联盟建设。加强专门学校建设，推进青少年零犯罪零受害村（社区）创建工作。加大五类重点青少年及困境儿童帮扶力度。加强精神卫生服务项目和体系建设。加强病残吸毒人员收治。

社会心理服务体系建设：加强公众心理健康教育。推进社会心理服务组织、机构场所等平台建设，在县乡村三级综治中心设立心理咨询室或社会工作室。完善重点人群心理健康服务平台，推进中小学心理辅导室建设。推动将心理危机干预和心理援助纳入各类突发事件应急预案。

社会治安：以“雪亮工程”和智能安防小区建设为依托，以智慧公安检查站、警务室、街面警务站（移动警务车）、地铁公交规范化、社区民警专职化、社区警务信息化为抓手，构建以“点”牵“线”带“面”智慧防控新格局。加强指挥情报、技术侦查、网络安全、刑事技术等警务技术迭代升级建设。

阳光信访工作：推动建设“信访云”智能系统。对群众初次信访反映的合理合法的行政类信访事项，依托信息化网络技术，按照“六个精准”工作流程，最大限度地把问题化解在初始、在当地，提升群众初投事项一次性办结率，促进信访工作质效不断提升。

“信访评理室”建设：建立健全矛盾纠纷多元预防调处综合机制，搭建各方联动参与对话的新平台，在省、市、县（市、区）、乡镇（街道）、村（居）建设五级“信访评理室”。

第六十一章　巩固国家安全防线

第一节　完善国家安全工作体系

完善集中统一、高效权威的国家安全领导体制，构建党委（党组）领导、专业机构指导、有关部门主责的国家安全工作体系，健全国家安全风险研判、防控协同、防范化解机制。加强国家安全人民防线建设，开展国家安全宣传教育，增强全民国家安全意识。坚定维护国家政权安全、制度安全、意识形态安全。严密防范和坚决打击敌对势力渗透、破坏、颠覆、分裂活动。

第二节　维护网络空间安全

加强网络文明建设，健全网络综合治理体系，发展积极健康的网络文化。全面加强网络安全保障体系和能力建设，筑牢网络安全防线。强化对数据资源、网络信息保护和关键信息基础设施安全防护。加强网络舆情导控，创新互联网内容建设管理，加大网络执法力度，维护网上政治和意识形态安全，营造风清气朗的网络空间。加大电信诈骗、网络赌博等网络犯罪打击力度，加强网络反恐。

第三节　积极服务国防和军队现代化建设

统筹推进军用设施与民用设施规划建设，推进经济建设与国防密切相关的建设项目贯彻国防要求，更好发挥综合效益。积极落实军队后勤保障社会化需求，推进军用土地资源整合置换工作，推动民兵训练基地等建设，全力支持部队练兵备战。完善融合发展体制机制，高质量高标准推进典范区域建设，开展国防科技工业综合改革试点和知识产权试点。推动宁德建设融合发展重点区域。开展军地科技协同创新，大力发展国防科技工业，加大“军转民”“民参军”力度，促进标准化通用化。完善国防动员体系和双拥共建工作体系，加强国民经济动员中心、国防交通基础设施、城市人民防空建设，开展全民国防教育，巩固军地军民团结。健全强边固防机制，推进“智慧海防”建设，实施海防“城网融合”工程。

第十七篇

推进社会主义民主法治
深化法治福建建设

贯彻落实习近平法治思想，加强社会主义政治建设，坚持党的领导、人民当家作主、依法治国有机统一，发挥法治在治理体系和治理能力现代化中的积极作用，让人民群众切身感受到公平正义。

第六十二章　深入推进依法治省

第一节　加强地方立法

高水平推进科学立法，完善党委领导、人大主导、政府依托、各方参与的立法工作格局，健全宪法实施与地方立法体制机制，科学合理编制年度立法计划，加强重要领域、新兴领域立法。完善改革决策与立法决策衔接机制，坚持立改废释并举，及时修改和废止不符合、不衔接、不适应民法典等法律规定、中央精神、时代要求的地方性法规和政府规章。畅通社会各方有序参与立法的渠道，提高立法质量和效率。

第二节　推进依法行政

建设法治政府，健全决策机制，加强重大决策的调查研究、科学论证、风险评估，严格履行法定程序，强化决策执行、评估、监督。全面推行行政规范性文件合法性审核机制，加大行政规范性文件备案审查力度，完善专家协助审查机制。建立完善督察考核机制。完善行政复议制度，建设行政复议与司法衔接平台。全面推进政务公开。持续推行政府法律顾问制度。深化行政执法体制改革，最大限度减少不必要的行政执法事项。推动执法力量向基层倾斜，加强重点领域基层执法力量，探索跨部门跨领域综合执法。纵深推进行政执法公示制度、执法全过程记录制度和重大执法决定法制审核制度。加强执法监督，建立健全行政执法自由裁量权基准动态调整机制，完善执法责任追查机制。健全行政执法和刑事司法衔接机制。

第三节　保证公正司法

深化司法体制综合配套改革，完善审判制度、检察制度，全面落实司法责任制，完善律师制度，规范律师执业行为。建立健全司法人员履行法定职责保护机制。建立领导干部干预司法活动、插手具体案件处理的记录、通报和责任追究制度。推进审判公开、检务公开、警务公开、狱务公开，完善生效法律文书统一上网和公开查询制度。推进执法办案管理中心建设。健全冤假错案防范和纠正机制。完善司法鉴定配套管理制度。加快“数字法治、智慧司法”信息化体系建设。完善人民陪审员和人民监督员制度。

第四节　完善公共法律服务体系

加强公共法律服务体系标准化建设，推进公共法律服务实体、热线、网络平台融合发展，提升公共法律服务实效。健全法律援助和司法救助体系。深化公证制度改革，推进合作制公证机构试点。大力发展涉外法律服务业。推动建立仲裁中心。加大全民普法工作力度，健全普法责任制，深入开展法治宣传教育，广泛开展宪法和民法典宣传，增强全社会法治观念，推进全民守法。

第六十三章　健全监督体系

第一节　加强民主建设

支持和保证人大依法行使立法权、监督权、决定权、任免权，坚持对人大及其常委会负责并报告工作，自觉接受监督，认真办理人大代表建议、批评和意见，积极配合人大开展执法检查、人大代表视察及调研。健全协商民主制度，积极开展政党协商、人大协商、政府协商、政协协商、人民团体协商、基层协商、社会组织协商，健全协商反馈机制。重视和支持人民政协履职，鼓励政协委员积极参政议政，认真办理政协提案，努力建设“政协大省”。完善大统战工作格局，支持民主党派、工商联和无党派人士履行职能、发挥作用，推进民族团结进步事业发展。完善民族宗教工作机制和制度，坚持宗教中国化方向，提高宗教工作法治化水平。健全同党外知识分子、非公有制经济人士、新的社会阶层人士的沟通联络机制，发挥工会、共青团、妇联等人民团体作用，把各自联系的群众紧紧凝聚在党的周围。广泛征求各类咨询机构、专家学者和老同志的意见建议。加强基层民主建设，开展形式多样的基层民主协商。

第二节　强化行政权力制约监督

完善权力配置和运行制约机制，坚持权责法定、权责统一，健全分事行权、分岗设权、分级授权、定期轮岗制度，明晰权力边界，规范工作流程，强化权力制约。持续深化机关效能建设，推动作风更实、效率更高、服务更优。深化监察体制改革，加强对公职人员行使权力的监督，紧盯公权力运行各个环节，完善防范机制、矫正机制、追责机制，压减权力设租寻租空间。完善审计制度，保障审计机关依法独立行使审计监督权。

第三节　深入推进反腐倡廉

加强反腐倡廉建设，完善惩治和预防腐败体系，构建一体推进不敢腐、不能腐、不想腐体制机制。把严的主基调长期坚持下去，锲而不舍落实中央八项规定及其实施细则精神和我省实施办法，持续深化整治形式主义、官僚主义，健全基层减负常态化机制。紧盯“关键少数”，做到“见人见事”，坚决整治群众身边腐败和作风问题。加强领导干部廉洁自律管理。创新廉政教育机制，加强思想道德和党纪国法教育，巩固和发展反腐败斗争压倒性胜利，持续营造风清气正的良好政治生态。

第十八篇
强化规划实施保障

本规划经过省人民代表大会审议批准，是未来五年我省经济社会发展的宏伟蓝图。要强化政策协同，健全实施机制，举全省之力确保完成规划确定的目标和任务。

第六十四章　坚持党的全面领导

充分发挥党总揽全局、协调各方的领导核心作用，推动全省各级党组织和广大党员干部不断增强“四个意识”、坚定“四个自信”、做到“两个维护”，自觉在思想上政治上行动上同以习近平同志为核心的党中央保持高度一致，坚持不懈用习近平新时代中国特色社会主义思想武装头脑、指导实践、推动工作，一届接着一届干、一年接着一年干，一步一个脚印，确保党中央重大决策部署及福建省委工作要求落到实处、取得实效。

第六十五章　健全统一规划体系

第一节　强化发展规划统领作用

加快建立以发展规划为统领，以国土空间规划为基础，以专项规划、区域规划为支撑，省、市、县各级规划共同组成，定位准确、边界清晰、功能互补、统一衔接的规划体系。发挥发展规划统筹重大战略和重大举措时空安排功能，空间规划要细化落实发展规划提出的国土空间开发保护要求，区域规划要细化落实发展规划对特定区域提出的战略任务，专项规划要细化落实发展规划对特定领域提出的战略任务。

第二节　做好规划衔接管理

建立健全空间规划、区域规划、专项规划与发展规划的衔接协调机制，确保各级各类规划协调一致。报请省委和省政府批准的规划，须事先与省发展规划进行统筹衔接。加强省级专项规划、区域规划与空间规划的衔接，确保规划落地。加快建设全省规划综合管理信息系统，将各类规划纳入统一管理。

第六十六章　完善规划实施机制

第一节　强化组织实施

加强规划实施的组织、协调和督导，明确规划主要目标任务的责任主体。强化年度计划与发展规划衔接，将发展规划确定的主要指标分解纳入年度指标体系，设置年度目标并做好年度间综合平衡，明确重大工程、重大项目、重大政策和重要改革任务年度实施要求。完善规划实施的公众参与、科学决策和民主监督机制，积极探索创新公众参与形式，拓宽公众参与渠道，主动接受社会监督。加大规划宣传力度，广泛凝聚共识，充分调动全社会积极性。

第二节　强化项目政策保障

围绕规划目标和主要任务，推进建设一批全局性、基础性、战略性的重大工程项目。坚持要素跟着项目走，加强财政预算与规划实施的衔接协调，强化中期财政规划管理，增强与重大改革、重要政策和重大项目的协调衔接，合理安排支出规模和结构，财政性资金优先投向规划确定的重大任务和重大工程项目。引导金融要素积极支持规划明确的重点领域和薄弱环节。优化土地资源配置和空间布局，优先保障重大工程和民生项目建设。

第三节 强化监测评估

完善监测评估制度，组织开展规划实施年度监测分析、中期评估和总结评估，鼓励开展第三方评估，强化监测评估结果应用。综合运用大数据、云计算等技术，提高规划评估的及时性、全面性和准确性。强化规划权威性、严肃性，未经法定程序批准，不得随意调整规划。经评估确需对发展规划进行调整修订时，按程序提请省人大常委会审查批准。

实现“十四五”规划和二〇三五年远景目标，意义重大，任务艰巨，前景光明。全省上下要更加紧密团结在以习近平同志为核心的党中央周围，坚持以习近平新时代中国特色社会主义思想为指导，在中共福建省委正确领导下，同心同德谋发展，沉心静气促超越，苦干实干、拼搏进取，加快新时代新福建建设，奋力谱写全面建设社会主义现代化国家的福建篇章！

图书在版编目（CIP）数据

福建省国民经济和社会发展第十四个五年规划和二〇三五年远景目标纲要．--福州：福建人民出版社，2021.6
ISBN 978-7-211-08684-9

Ⅰ.①福… Ⅱ. Ⅲ.①国民经济计划—五年计划—福建—2021—2025②社会发展计划—五年计划—福建—2021—2025③社会主义建设—现代化建设—远景规划—福建—2021—2035 Ⅳ.①F127.57②D675.7

中国版本图书馆 CIP 数据核字（2021）第 116016 号

福建省国民经济和社会发展第十四个五年规划和二〇三五年远景目标纲要
FUJIANSHENG GUOMIN JINGJI HE SHEHUI FAZHAN DI-SHISI GE WUNIAN GUIHUA HE 2035 NIAN YUANJING MUBIAO GANGYAO

责任编辑： 何水儿
出版发行： 福建人民出版社　　**电　　话：** 0591-87533169（发行部）
网　　址： http://www.fjpph.com　　**电子邮箱：** fjpph7211@126.com
地　　址： 福州市东水路 76 号　　**邮政编码：** 350001
经　　销： 福建新华发行（集团）有限责任公司
印　　刷： 福建省金盾彩色印刷有限公司
地　　址： 福州市金山浦上工业区 D 区 24 幢
开　　本： 890 毫米×1240 毫米　1/32
印　　张： 5.625
字　　数： 110 千字
版　　次： 2021 年 6 月第 1 版
印　　次： 2021 年 6 月第 1 次印刷
书　　号： ISBN 978-7-211-08684-9
定　　价： 15.00 元

本书如有印装质量问题，影响阅读，请直接向承印厂调换。